# A Religião do Antitruste

## Como a crença cega no antitruste levou a uma aplicação confusa e arbitrária das leis antitruste

Edwin S. Rockefeller

# A Religião do Antitruste

## Como a crença cega no antitruste levou a uma aplicação confusa e arbitrária das leis antitruste

*Tradução*

Lucia Helena de Sena Franca

OrdemLivre.org

Editora Singular

São Paulo – 2009

Dados Internacionais de Catalogação na Publicação (CIP)
(Câmara Brasileira do Livro, SP, Brasil)

R682a Rockefeller, Edwin S. The antitrust religion. / Edwin S. Rockefeller.
São Paulo: Singular, 2008.

200 p.
ISBN: 978-85-86626-46-3

1. Brasil. [Lei antitruste (1994)]. I. Título.

CDU: 347.733 CDD: 342.2

Título original em inglês:
THE ANTITRUST RELIGION –How blind faith in antitrust has led to confusing and arbitrary enforcement
Publicado originalmente nos Estados Unidos pelo Instituto Cato de Washington, D.C. USA.



Tradução: Lúcia Helena de Sena França
Revisão: Paulo Cesar de Oliveira
Projeto Gráfico e Editoração: Microart

Editora Singular, Rua José Nóbrega Barbosa n.º 100,
02336-090 São Paulo – Brasil
Tel/Fax: 55 11 3862-1242
e-mail: singular@editorasingular.com.br
www.editorasingular.com.br

*Para MWR*

*Agradecimento*

*A Robert A. Levy, do Instituto Cato,*
*por sua importante assistência editorial.*
*Sua ajuda é reconhecida com gratidão.*

# Sumário

# Introdução

Aspiramos a ter um governo de leis, não de homens. O estado de direito implica regras averiguáveis e coerentes destinadas a guiar e julgar o comportamento. A tese deste livro é a de que a lei antitruste não é compatível com a nossa aspiração de um estado de direito. A lei antitruste como tal não existe. Antitruste é uma religião. A aplicação do princípio antitruste é arbitrária, uma regulação política da atividade comercial, não a aplicação de um conjunto coerente de leis adotado pelo Congresso.

Thurman Arnold, procurador-geral adjunto para o antitruste no New Deal, descreveu a origem e necessidade da religião antitruste da seguinte maneira:

> Os historiadores agora ressaltam que Theodore Roosevelt nunca conseguiu nada com o seu trust busting (caça ao truste). Claro que não. A cruzada não foi de ordem prática, foi parte de um conflito moral, e nenhum pregador jamais conseguiu abolir qualquer forma de pecado. Se não houvesse o conflito – se a sociedade tivesse sido capaz de funcionar em uma era de crescente especialização sem essas organizações – teria sido bastante fácil acabar com elas por meios práticos. Algumas normas bem-direcionadas instituindo um imposto discriminatório sobre grandes organizações teriam dado conta do recado, contanto que alguma outra forma de organização estivesse crescendo ao

> mesmo tempo para atender à necessidade prática. Desde que as organizações foram exigidas, as tentativas de interromper o seu crescimento se tornaram necessariamente puramente cerimonial... O resultado efetivo das leis antitruste foi promover o crescimento de grandes organizações industriais, desviando o ataque a elas para canais puramente morais e cerimoniais.[1]

A tese deste livro será desenvolvida primeiro pela definição do antitruste como uma crença religiosa com uma existência independente dos estatutos antitruste. O Capítulo 2 descreve o desenvolvimento de um culto de seguidores profissionais que atua como um sacerdócio para realizar a função cerimonial do antitruste. O Capítulo 3 contém uma breve história das tentativas de reforma. O Capítulo 4 discute o elemento central da crença antitruste – "poder de mercado" –, um conceito imaginário, hipotético, emprestado da teoria econômica e usado pela comunidade antitruste como se descrevesse algo que realmente existe, quando, de fato, o conceito de poder de mercado é baseado em falsas premissas a respeito de um futuro que não pode ser conhecido. Os Capítulos de 5 a 8 descrevem as atividades que atacam os supostos males identificados pela religião antitruste e apontam a incompatibilidade dessas atividades com as nossas aspirações por uma sociedade regida por leis e não por homens. O capítulo final chega à conclusão preliminar de que educar a sociedade a respeito da fragilidade dos elementos básicos da crença antitruste pode levar a uma mudança significativa.

1 Thurman Arnold, *The Folklore of Capitalism*, Yale University Press, 1937, p. 211-12.

# 1. O que é "Antitruste"?

## Uma crença quase-religiosa distinta dos estatutos antitruste

A Seção 4 do Clayton Act, de 1914, determina que qualquer pessoa "lesada em sua empresa ou propriedade em razão de qualquer coisa proibida nas leis antitruste" poderá entrar com um processo no valor de três vezes as suas perdas, mais custos e "honorários advocatícios razoáveis". A Seção 1 do Clayton Act define o termo "leis antitruste" conforme consta no Sherman Act, de 1890, e no Clayton Act. Eles são citados neste livro como os "estatutos antitruste". As definições são importantes para compreender o assunto. A literatura antitruste oferece pouca ajuda. Em sua maioria, perpetua a confusão. Considere o exemplo a seguir extraído de um livro-texto básico usado na Faculdade de Direito de Harvard:

> A lei antitruste implícita mas claramente assume uma postura particular em direção aos problemas econômicos aos quais ela se aplica. Por um lado, a sua própria promulgação indica que o Congresso rejeitou a crença de que as forças de mercado são suficientemente fortes, autocorretivas e bem-direcionadas para garantir os resultados que

a concorrência perfeita traria. Por outro lado, o domínio antitruste é intrinsecamente limitado.[1]

Os autores estão falando sobre o quê? Lei antitruste? Antitruste? Os estatutos antitruste? Eles reconhecem alguma diferença entre esses três termos? Existem dois estatutos antitruste, o Sherman Act e o Clayton Act, adotados pelo Congresso e encontrados no Código Norte-Americano. Você pode pesquisá-los. A passagem citada não se refere a esses estatutos, mas começa com o termo não definido "lei antitruste", que implica um conjunto coerente de leis que "assume uma postura particular". É dito ao aluno que a promulgação da "lei antitruste" demonstra que o Congresso rejeitou uma crença de que o mercado é autocorretivo. Mas o Congresso não promulgou a "lei antitruste". Ele promulgou dois estatutos antitruste, um em 1890 e outro em 1914. Quais as crenças que o Congresso aceitou ou rejeitou em cada um desses momentos é discutível.

A seguir, o aluno é apresentado a um termo adicional indefinido – "antitruste". "Antitruste" possui um "domínio". Os autores Phillip Areeda e Louis Kaplow começaram com um conceito imaginado de "lei antitruste" e depois mudaram para uma discussão a respeito do "antitruste", algo diferente da "lei antitruste" e ainda mais distante dos estatutos antitruste. O antitruste possui uma existência fora dos estatutos antitruste. O antitruste não somente existe como também faz coisas. É um ator formidável. Os professores universitários o descrevem assim:

1 Phillip Areeda e Louis Kaplow, *Antitrust Analysis*, 5th ed., New York: Aspen Law and Business, 1997, p. 11-12.

> O antitruste complementa ou, talvez, define as regras do jogo pelo qual a concorrência acontece. Assim, ele presume que as forças de mercado – guiadas pelas limitações impostas pela lei antitruste – produzirão bons resultados ou ao menos melhores resultados do que quaisquer das alternativas que abandonam largamente a confiança nas forças de mercado. Portanto, o modelo perfeito de concorrência pode ser visualizado como um alvo central, cujos resultados são almejados pelo antitruste, mas cujas condições o antitruste não toma como certas. Sendo assim, o antitruste procura orientação na concorrência perfeita, mas a análise inevitavelmente enfatiza as várias e complexas imperfeições dos mercados reais.[2]

O antitruste "complementa" ou "define". Os professores não têm certeza qual deles. O antitruste "presume" coisas. O antitruste "busca resultados", mas "não toma as coisas como certas". O antitruste "procura aperfeiçoar a concorrência para obter orientação", para complementar a orientação que recebeu das limitações das leis antitruste. Tendo extraído dos estatutos antitruste um conceito imaginado de "lei antitruste" e tendo tirado dessa cartola um coelho chamado "antitruste", os professores concluem dizendo-nos o que "a análise" enfatiza. O aluno pode imaginar: de onde veio "a análise"? Os estatutos antitruste? A lei antitruste? O antitruste? De quem é a análise? Por que ela é "a" análise?

O antitruste não é definido em nenhuma das disposições dos estatutos antitruste. Ele não pode ser traduzido para idiomas estrangeiros. O antitruste não foi promulgado. Ele não é um conjunto coerente de regras. Você não pode pesquisá-lo. Os

2 Ibid., p. 12.

especialistas precisam interpretá-lo. A maior parte dele está nos olhos do professor. Em seu *casebook* (livro didático de processos judiciais), Eleanor Fox e Lawrence Sullivan escrevem a respeito do "interesse central do antitruste" e as suas "diversas metas" e que "o antitruste regula a estrutura econômica e a conduta econômica por meio da lei".[3] Eles também nos dizem quando uma sentença judicial é "uma derrota para o antitruste".[4] Timothy J. Muris, enquanto presidente da Comissão Federal de Comércio – FTC (Federal Trade Comission), observou que há muito que fazer "para assegurar que o antitruste evite os erros do seu passado".[5]

O antitruste não pode ser alterado, reformado ou revogado. É uma mistura intuitiva de lei, economia e política; uma coleção mística de aspirações, crenças, suspeitas, suposições e prognósticos. O antitruste é uma crença quase-religiosa independente das disposições dos estatutos antitruste.

O antitruste possui muitas doutrinas que são analisadas infinitamente em palestras, seminários, artigos e pareceres judiciais. A crença antitruste é baseada em quatro elementos que raramente são mencionados, mas serão discutidos nos capítulos subsequentes deste livro. Eles são os seguintes: (1) uma crença na lenda da Standard Oil, (2) medo da consolidação corporativa, (3) uma crença na magia do "poder de mercado" e (4) crença de que o governo pode nos proteger contra esses males.

3 Eleanor M. Fox e Lawrence A. Sullivan, *Cases and Materials on Antitrust*, St. Paul, MN: West Publishing Co., 1989, p. 9, 11.

4 Ibid., p. 738.

5 *Antitrust and Trade Regulation Report* 84, 17 de janeiro de 2003, p. 35.

## Estatutos Vagos – Liberdade de Ação Irresponsável

Os estatutos antitruste dão àquelas pessoas que ocupam cargos de poder uma ampla liberdade de ação para interferir na atividade comercial e na liberdade de contratar. Três disposições ilustram o ponto, duas do Sherman Act de 1890 e uma do Clayton Act de 1914.

A Seção 1 do Sherman Act designou como um crime federal "todo contrato, combinação na forma de truste ou de outra maneira, ou conspiração, que restringe os negócios ou o comércio entre vários estados ou com nações estrangeiras". Essa declaração do Congresso teria proscrito qualquer contrato no comércio interestadual, porque todo contrato proíbe algum tipo de comércio. (Se eu contrato para lhe vender um relógio de pulso, estou proibido de vender o relógio para outra pessoa. Você, por sua vez, está proibido de comprar outro produto com o dinheiro que me pagou.) Para evitar esse truísmo, o judiciário inventou a assim chamada regra da razão, alterando a proibição feita pelo Congresso de *todo* contrato que restrinja o comércio, para proibir somente aqueles contratos que os tribunais consideram que restringem o comércio "ilogicamente". Consequentemente, a não ser que a proibição seja tal que a Suprema Corte tenha considerado ilógica – tal como os chamados crimes por si mesmos (*per se*) discutidos mais adiante –, poderá ser impossível dizer se um contrato é ilegal sem um longo julgamento. O Ministro da Suprema Corte Louis Brandeis sugeriu que o julgamento prosseguisse conforme as linhas abaixo:

> O verdadeiro teste de legalidade é se a proibição imposta seja tal que meramente regule e talvez por meio disso estimule a competição ou seja tal que possa suprimir ou até mesmo destruir a concorrência. Para decidir essa questão,

> a Corte deve normalmente considerar os fatos peculiares ao negócio ao qual a proibição é aplicada; a sua condição antes e depois que a proibição foi imposta; a natureza da proibição e o seu efeito, real ou provável. O histórico da proibição, o mal que se acredita existir, a razão para adotar um recurso específico, cujo propósito ou finalidade procura-se alcançar, são todos eles fatos relevantes. Isso não é porque uma boa intenção salvará uma regulamentação que seria de outra forma impugnável ou o contrário, mas porque o conhecimento da intenção poderá ajudar a Corte a interpretar os fatos e prever as consequências.[6]

Em outras palavras, tudo é relevante, mas nada é determinante. Uma proibição absoluta pela legislatura foi transformada em uma delegação de poder discricionário/liberdade de ação aos jurados e juízes para aprovar ou desaprovar contratos após uma longa investigação se eles proíbem ou não o comércio "ilogicamente".

A Seção 2 do Sherman Act considerou como crime "monopolizar" ou "tentar monopolizar" qualquer parte da troca ou comércio entre os diversos estados ou com nações estrangeiras. Ninguém sabe o que essas palavras significam. Durante o século passado, juízes e comentadores, tais como Areeda e Kaplow, desenvolveram um vocabulário para falar sobre o assunto, mas nenhuma regra significativa emergiu. As declarações da Corte perpetuam a ambiguidade. De acordo com a Suprema Corte:

> O crime do monopólio sob a seção 2 do Sherman Act possui dois elementos: (1) a posse do poder de monopólio no mercado relevante e (2) a aquisição ou manutenção

6 *Chicago Board of Trade* v. *United States*, 246 U.S. 231, 238 (1918).

intencional daquele poder diferentemente do crescimento ou desenvolvimento como uma consequência de um produto superior, visão comercial ou acidente histórico.[7]

Em 1918 o Ministro Brandeis tentou fazer a distinção entre os contratos que promovem a concorrência e aqueles que a suprimem ou destroem, mas não conseguiu fazê-lo. Da mesma forma, em 1966 a Corte procurou diferenciar entre aquisição intencional do poder de monopólio e ser um concorrente eficaz, mas não conseguiu determinar qualquer regra para fazê-lo. O resultado foi dar aos juízes, júris e autoridades do Ministério da Justiça e da FTC poder para tomarem decisões arbitrárias em uma base subjetiva.

A maior parte da atividade do governo sob os estatutos antitruste encontra apoio na seção 7 do Clayton Act, que proíbe as aquisições corporativas "em que... o efeito de tal aquisição possa ser diminuir substancialmente a concorrência, ou tender a criar um monopólio". Contudo, não temos nenhuma definição viável do que constitui "concorrência" e nenhuma forma de mensurá-la. Aplicando a Seção 7, a Suprema Corte sob o Ministro Chefe Earl Warren essencialmente declarou todas as fusões corporativas ilegais. Expressando preocupação quanto à "concentração" industrial e desejando proteger "as pequenas empresas" contra concorrentes mais eficientes, a Corte, durante os anos 60, decidiu todos os casos a favor do governo. Primeiro veio o caso *Brown Shoe*,[8] que envolveu a aquisição pela Brown (basicamente uma fabricante de sapatos) da Kinney (basicamente uma varejista de sapatos). A Corte considerou a fusão ilegal sob a seção 7 de duas maneiras: primeiro, como uma fusão horizontal, e se-

7 *United States* v. *Grinnell Corp.*, 384 U.S. 563, 570-71 (1966).

8 *Brown Shoe Co.* v. *United States*, 370 U.S. 294 (1962).

gundo como uma fusão vertical. Ambas as empresas fabricavam sapatos. A Brown fabricava aproximadamente 4% e a Kinney aproximadamente 0,5% dos sapatos da nação. A fusão das duas fabricantes, chamada de "horizontal" porque envolvia duas empresas que competiam diretamente uma com a outra, foi considerada ilegal. A Corte também considerou a fusão da Brown e Kinney ilegal como uma fusão "vertical" – ex., envolvendo duas empresas que tinham um relacionamento fornecedor-cliente – porque a Brown, vendendo 4% dos sapatos da nação, fundiu-se com a Kinney, uma varejista responsável por 1,2% das vendas de sapatos no varejo norte-americano. Segundo ela, a fusão vertical da fornecedora Brown com a sua cliente Kinney iria excluir uma parcela do mercado varejista, que estaria de outra forma aberta aos fabricantes-concorrentes da Brown.

Quatro anos depois, no caso *Von's Grocery*,[9] a Corte concluiu que a seção 7 proibia a fusão de duas cadeias de supermercados porque a fusão resultaria na participação por uma única firma de 1,4% dos supermercados na área metropolitana de Los Angeles, respondendo por 7,5% das vendas de produtos de supermercado da área.

As fusões nem horizontais nem verticais – em que as empresas fundidas não estavam competindo e não tinham um relacionamento fornecedor-cliente – ganharam o nome sinistro de fusões "conglomeradas". A Corte alicerçou a ação do governo de evitar fusões conglomeradas na teoria de que elas levantam "barreiras à entrada", eliminam a "concorrência potencial" ou criam oportunidades para a "negociação recíproca". As fusões que criaram "vantagens competitivas" foram condenadas

9 *United States* v. *Von's Grocery Co.*, 384 U.S. 270 (1966).

por fazê-lo. A eficiência econômica criada por meio da fusão não somente não servia como uma defesa, mas também se tornou uma base para uma conclusão de ilegalidade.

Ao final dos anos 60 a questão prática passou a ser não se uma fusão era ilegal, mas se o governo iria opor-se a ela. Em 1968 o Ministério da Justiça publicou Diretrizes Relativas a Fusões que eram mais permissivas do que as decisões judiciais da Suprema Corte, tais como aquelas no caso *Brown Shoe*.[10] O resultado foi transferir aos procuradores do governo o poder arbitrário de decidir se uma fusão seria ou não permitida ou proibida, guiados somente por um medo irracional da consolidação corporativa. Além disso, desde 1976 todas as fusões corporativas acima de um determinado porte devem ser informadas ao governo antecipadamente.[11] De acordo com o Comentário sobre as Diretrizes de Fusões Horizontais, publicado pela FTC e o Ministério da Justiça, "em mais de 95% das transações reportadas... as Agências prontamente determinam... que é improvável uma redução substancial da concorrência".[12] Durante o exercício fiscal de 2005 foram protocoladas notificações de 1.695 propostas de fusão. A FTC impugnou 14, e o Ministério da Justiça impugnou 4, um total de 18 das 1.695, ou 1,06%.[13] Não há como dizer quais fusões serão permitidas

10 *Brown Shoe Co.*, 370 U.S. 294.

11 *Hart-Scott-Rodino Antitrust Improvements Act of 1976*, 15 U.S.C. 15, § 18a (2000).

12 FTC e o Ministério da Justiça dos EUA, Comentário relativo às Diretrizes sobre Fusões Horizontais 2006, p. 1.

13 FTC e o Ministério da Justiça dos EUA, Relatório Anual ao Congresso: Exercício Fiscal de 2005 Conforme a Subseção (j) da Seção 7A do Clayton Act (2006), Hart-Scott Rodino Antitrust Improvement Act of 1976 (Vigésimo oitavo Relatório).

e quais não serão. O processo será examinado mais detalhadamente no Capítulo 6.

## Sem Regras Claras – Decisões Arbitrárias

Sem ter quaisquer regras coerentes e averiguáveis nos estatutos antitruste escritos, os juízes e outros funcionários do governo tomam decisões arbitrárias usando doutrinas antitruste baseadas em uma fé não facilmente superada pela razão, lógica ou dados empíricos. Não há a necessidade de explicar as decisões não tomadas. Um contrato, um "monopólio" ou uma fusão permitida não exigem explicação. A maioria das fusões corporativas revisadas pelo governo são aprovadas sem perguntas ou explicação. Somente os ataques exigem uma justificativa. Se o tomador da decisão desejar desaprovar, a linguagem do antitruste está lá para justificar a desaprovação. Rótulos metafóricos tais como "o mercado" são usados como se fossem descrições factuais. A doutrina antitruste que contém uma proibição é recitada. A desaprovação foi racionalizada.

O sucesso da Microsoft Corp. surgiu à custa de alguns dos seus concorrentes – perdedores no mercado que buscaram uma ação governamental contra um vencedor. O interesse surgiu primeiramente na FTC, onde dois membros eram a favor da ação, dois eram a favor de não fazer nada e o quinto absteve-se de participar. A procuradora-geral adjunta na época era uma ativista nova do cargo. Ela assumiu o controle da questão e convenceu a Microsoft a fazer algumas mudanças no seu método de fazer negócios. Esse acordo foi apresentado a um tribunal federal de primeira instância para adoção como uma autorização sem quaisquer avaliações dos fatos. O juiz federal a quem o caso foi designado havia lido alguns livros sobre computadores. Com base nessa leitura, ele rejeitou a aprovação, considerando-a inadequada.[14] Um tribunal de recursos revisional disse que era trabalho do procurador-geral, não de um juiz federal, decidir a adequação de tais aprovações judiciais.[15] O tribunal de recursos enviou a questão de volta para um juiz federal diferente.[16] Mais tarde aquele juiz negou uma petição de desacato, emitiu uma injunção preliminar e encaminhou o caso para um mestre especial,[17] uma decisão revertida pelo tribunal de recursos.[18] Nesse meio tempo o Ministério da Justiça iniciou um processo inteiramente novo, um pouco mais amplo, que resultou na emissão, pelo juiz federal, de 400 ou mais "avaliações dos fatos"[19] e depois em um memorando e ordem judicial, nos quais o juiz confessou a sua incapacidade de decidir o que fazer devido a opiniões divergentes a respeito do futuro.[20] Ele concluiu que "os reclamantes ganharam o processo e por este simples motivo eles têm algum direito a um recurso de sua escolha", inclusive a divisão do reclamado.[21] Esse recurso deveria ser adotado, disse, porque ele foi encorajado pelos funcionários do governo "em conjunto com vários consultores" e espera-se que tais funcionários ajam no interesse público, ao passo que o reclamado não o está.[22] Esta ordem foi anulada pelo

14 *United States* v. *Microsoft Corp.*, 159 F.R.D. 318 (D.D.C. 1995).

15 *United States* v. *Microsoft Corp.*, 56 F.3d 1448, 1462 (D.C. Cir. 1995).

16 *Microsoft Corp.*, 56 F.3d 1448, 1465.

17 *United States* v. *Microsoft Corp.*, 980 F. Supp. 537 (D.D.C. 1997).

18 *United States* v. *Microsoft Corp.*, 147 F.3d 935 (D.C. Cir. 1998).

19 *United States* v. *Microsoft Corp.*, 84 F. Supp. 2d 9, 12-112 (D.D.C. 1999).

20 *United States* v. *Microsoft Corp.*, 97 F. Supp. 2d 59, 62 (D.D.C. 2000).

21 *Microsoft Corp.*, 97 F. Supp. 2d 59, 62.

22 *Microsoft Corp.*, 97 F. Supp. 2d 59, 63.

tribunal de recursos.[23] A Corte citou doutrinas prevalecentes de definição de mercado e poder, que contêm premissas a respeito de um futuro que ninguém pode saber, mas poderiam ser aplicadas ao caso Microsoft devido à fraseologia das avaliações dos "fatos" pelo juiz federal.[24] Assistido por algumas noções a respeito de "curto prazo" e "longo prazo", bem como algumas distinções primorosas entre conduta "pró-competitiva" e "anticompetitiva", a Corte rotulou a Microsoft, assim como a lendária Standard Oil, com uma monopolizadora, e como tal foi proibida pela seção 2 do Sherman Act.[25] O Ministério da Justiça abandonou quaisquer outras tentativas de dividir a empresa, mas insistiu em diversas restrições regulatórias para proteger os concorrentes queixosos.[26]

## Futilidade da Reforma

As tentativas de reformar ou revogar os estatutos antitruste são fúteis enquanto a crença no Antitruste com "A" maiúsculo for preservada. As disposições dos estatutos antitruste contêm palavras sem definição, mas, exceto quando são alteradas pelo Congresso, pelo menos as palavras são consertadas. Pode-se pesquisá-las e escrevê-las. O antitruste, a mística, é outra questão. Ninguém pode pesquisá-la. Joel Klein, enquanto servia como procurador-geral adjunto responsável pela Divisão Antitruste do Ministério da Justiça, descreveu as leis antitruste como "estatutos do direito comum". Em uma reunião de advo-

23 *United States* v. *Microsoft Corp.*, 253 F.3d 34 (D.C. Cir. 2001).

24 *Microsoft Corp.*, 253 F.3d 34, 51-59.

25 *Microsoft Corp.*, 253 F.3d 34, 72, 74.

26 *Press Release* do Ministério da Justiça, 6 de setembro de 2001.

gados antitruste ele disse: "Vocês sabem, uma grande parte dos litígios na Suprema Corte, ou seja lá o que for, será exatamente sobre as palavras do estatuto. Mas no antitruste é realmente muito mais dinâmico".[27]

O advogado antitruste deve aprender um vocabulário especial não encontrado no Código Norte-Americano. Fenômenos observáveis são descritos por metáforas, que não são rótulos científicos dos dados do mundo real, mas sim conceitos artificiais, tais como "mercado" e "poder de mercado". Os especialistas em antitruste falam um tipo de poesia. Os jornalistas e políticos o consideram uma descrição da realidade. O público está confuso. Os conceitos antitruste dão uma caracterização sinistra aos fenômenos comuns aos quais eles são aplicados. "Oligopólio" é um bom exemplo. Pessoas versadas no vocabulário antitruste sabem que um oligopólio é simplesmente qualquer número de vendedores superior a 1 – uma situação comum, mas soa ao cidadão mediano como uma condição torpe e motivo de preocupação.

Os modismos nos conceitos antitruste mudam mesmo quando as palavras contidas na lei não mudam. Alguns termos alcançam aceitação por um tempo, mas depois perdem o seu apelo e são abandonados. "Reciprocidade" é um bom exemplo. Uma vez o presidente da FTC viu a reciprocidade como um mal de grande potencial, alertando que ela "poderia resultar em mercados de circuito fechado, dos quais fatores médios ou pequenos são excluídos" e "assim, o oligopólio seria ampliado em um tipo de padrão de integração circular... impedindo as oportunidades das empresas sem poder substancial de mercado de

27 "Roundtable Conference with Enforcement Officials", *Antitrust Law Journal* 68 (2000): 581, 614.

ganhar acesso ao círculo interno das empresas".[28] Aproximadamente na mesma época, o chefe da Divisão Antitruste do Ministério da Justiça afirmou que "há uma base legítima para atacar a reciprocidade, não somente sob a seção 1 do Sherman Act... mas também sob a seção 2... como uma tentativa ilegal de monopolizar".[29] Houve alguns protestos, mas o ataque nunca aconteceu. Por fim, ficou claro para todos que a nação não está sob perigo algum se os empresários disserem uns aos outros: "Eu comprarei de você se você comprar de mim". Além disso, comentou-se por aí que de qualquer modo essa não é uma maneira muito eficaz de fazer negócios, então simplesmente não ouvimos muito a respeito disso.

Os "conglomerados" tiveram uma jornada mais longa como bruxas antitruste. Tendo êxito em obter declarações da Suprema Corte de que virtualmente todas as fusões de concorrentes, bem como aquelas dos clientes e fornecedores, estão proibidas pela seção 7 do Clayton Act, o governo perturbou os "conglomerados". Além de processos judiciais para evitar aquisições corporativas feitas pelos conglomerados, tanto a FTC quanto o Ministério da Justiça conduziram investigações com alta visibilidade daquelas aquisições que simplesmente existiam. A campanha acabou sendo abandonada. Muitos dos mais temidos "conglomerados" mais tarde perderam as suas aquisições ou fecharam as portas completamente sem ajuda alguma do governo.

Um conceito-chave que atualmente possui um firme poder na imaginação da comunidade antitruste é o conceito de "poder

28 Paul Rand Dixon, "Merger Policy and the Preservation of the Competitive System", *Antitrust Law Journal* 30 (1966): 86, 90.

29 "An Interview with the Honorable Donald F. Turner", *Antitrust Law Journal* 34 (1967): 122.

de mercado" (veja o capítulo 4). "Poder de mercado" é um conceito imaginário emprestado da economia teórica. Ele incorpora premissas e prognósticos, mas é usado pela comunidade antitruste como se descrevesse fatos sujeitos à comprovação.

O antitruste como crença resiste não porque tem uma base fixa na ciência ou na razão, mas porque ele não a tem. A fé no antitruste permite a busca de metas mutuamente exclusivas. Ele serve ao desejo humano tanto de justiça quanto de "equidade". A tentativa de racionalizar o antitruste como economia do bem-estar do consumidor eliminou um pouco da irracionalidade gritante das interpretações dos estatutos antitruste. As doutrinas antitruste foram organizadas, mas nenhum conjunto de teorias econômicas pode solucionar o conflito básico inerente do desejo humano tanto de eficiência quanto de equidade – objetivos que são geralmente incompatíveis. A religião antitruste permite a busca de ambos os objetivos simultaneamente. Ela também evita deparar-se com três questões reais: (1) como determinar uma regra normativa que distinga entre contratos que ilogicamente restringem o comércio e aquelas que não restringem; (2) como distinguir entre a aquisição intencional do "poder de monopólio" e ser um concorrente eficaz; e (3) como dizer se uma fusão poderá ou não reduzir substancialmente a concorrência.

A generalidade e ambiguidade dos estatutos antitruste permitem decisões arbitrárias disfarçadas como avaliação dos fatos. A eficácia do mercado não exige nenhuma interferência do governo em seu nome. A equidade sim. O antitruste permite que o tomador de decisão tenha liberdade de intervir do lado da equidade quando ele desejar fazê-lo. A decisão não é ditada por qualquer medida objetiva, mas rotulando como avaliação dos fatos conceitos teóricos tais como "o mercado" e "poder de mercado". As premissas e prognósticos não declarados são incorporados nas conclusões declaradas como fatos, e depois as doutrinas ditam o resultado. Para manter uma aparência de um estado de direito, o tomador de decisão retrata o processo como uma investigação factual seguida da avaliação dos fatos à qual as regras são então aplicadas. Na verdade, o resultado é ditado pelas premissas e prognósticos. De onde se sai é determinado por onde se chega. As premissas e prognósticos não podem ser provados. Eles são julgamentos subjetivos em que o senso de justiça pessoal do tomador de decisão não pode ser descartado.

## A Mudança através da Rejeição da Fé

A crença no antitruste – como uma política e como um mecanismo de exigibilidade – sobrepuja a razão baseada tanto na teoria quanto na evidência. Em 1978, usando a teoria econômica, o então professor Robert Bork tornou óbvio o paradoxo da busca, em nome do antitruste das metas mutuamente exclusivas do protecionismo e um mercado livre.[30] Já foram feitos ajustes nas doutrinas antitruste, mas os estatutos permanecem inalterados, e os precedentes da Suprema Corte permanecem disponíveis aos procuradores-gerais estaduais, reclamantes particulares e autoridades federais sempre que eles decidem ser "vigorosos" quanto à exigibilidade.

Em 1976 Richard Posner, enquanto professor da Faculdade de Direito da Universidade de Chicago, recomendou a revogação de todos os estatutos antitruste, exceto a seção 1 do Sherman Act.[31] Em 1986 o professor D. T. Armentano con-

30 Robert H. Bork, *The Antitrust Paradox*, New York: Basic Books, 1978.

31 Richard A. Posner, *Antitrust Law*, Chicago: University of Chicago Press, 1976, p. 212.

cluiu que a "lei antitruste" perdeu "sua reivindicação de legitimidade" e explicou por quê.[32] Há alguns anos Robert Crandall e Clifford Winston, da Brookings Institution, avaliaram as evidências para verificar se a política antitruste melhora ou não o bem-estar do consumidor e concluíram que não há evidência de que ela o faça.[33]

Há poucos motivos para acreditar que a evidência, ou a falta dela, mais do que a teoria econômica, pode combater o compromisso da nação para com o antitruste baseado na crença. Como Armentano salientou, os benefícios da regulamentação antitruste são substanciais – especialmente para a comunidade antitruste. No entanto, a indiferença desse grupo ou até mesmo a oposição à mudança não é o principal obstáculo à revogação dos estatutos antitruste. O obstáculo primário à revogação é a profundidade da fé da nação no antitruste. Essa crença é mantida não só por aqueles que se beneficiam com a exigibilidade do antitruste, mas também por aqueles para quem ele é um aborrecimento dispendioso. Os estatutos antitruste não serão revogados ou significativamente alterados enquanto a fé no antitruste mantiver o seu poder na mente dos jornalistas, acadêmicos e fornecedores de políticas públicas.

É possível que o público possa ser educado para entender o que realmente está acontecendo e para entender que os elementos básicos da crença antitruste são infundados. Não precisamos temer a consolidação corporativa. A magia imaginada

32 D. T. Armentano, *Antitrust Policy*, Washington: Cato Institute, 1986, p. 74.

33 Robert W. Crandall and Clifford Winston, "Does Antitrust Policy Improve Consumer Welfare? Assessing the Evidence", *Journal of Economic Perspectives* 17 (2003): 3.

do poder de mercado é só isso – imaginada. Não precisamos de proteção do governo contra males imaginários. Infelizmente, ninguém que está em condições de descobrir e divulgar o erro das crenças que apoiam a crença antitruste possui qualquer incentivo ou inclinação para fazê-lo. Suas atividades são descritas no próximo capítulo.

# 2. A Comunidade Antitruste

A crença antitruste é preservada por um culto de seguidores profissionais que se auto-intitulam "a comunidade antitruste". Os elementos básicos da crença antitruste fazem parte da mentalidade norte-americana desde a era do *trust busting* (caça ao truste) de Theodore Roosevelt, mas foi somente nos anos 50 que um quadro de profissionais dedicados à promoção do antitruste tomou forma. O procurador-geral do presidente Eisenhower, Herbert Brownell, nomeou um Comitê Nacional para Estudar as Leis Antitruste. Em 1955 esse grupo publicou um relatório que se tornou um manual para os advogados antitruste aspirantes. Os membros e consultores do grupo formaram um núcleo da futura comunidade antitruste.

Em 1953 a administração Eisenhower substituiu Herbert Bergson como procurador-geral adjunto responsável pela Divisão Antitruste. Bergson então abriu um escritório particular de advocacia em Washington e prontamente assumiu a representação de clientes corporativos, inclusive aqueles à procura de aprovações de fusões pela Divisão Antitruste. Tendo acabado de deixar aquele cargo, suas qualificações para tal representação eram inigualáveis. Mas Brownell indiciou Bergson sob uma lei que proíbe a representação de alguém com uma reivindicação contra o governo dentro de dois anos após ter deixado um emprego do governo. Um juiz federal rejeitou a denúncia, concluindo que uma reivindicação significa uma exigência de dinheiro ou bem, não a busca de aprovação de fusões.[1] A denúncia pode ter dourado em vez de ter manchado a atratividade de Bergson perante seus clientes corporativos com problemas de antitruste. Dentro de cinco anos ele havia construído um escritório de primeira linha e foi eleito presidente da seção da lei antitruste da Ordem dos Advogados Norte-Americana, a qual ele havia ajudado a estabelecer em 1952.

Embora a comunidade antitruste seja um grupo receptivo e os seus membros desfrutem de um sentimento de parentesco, não se pode tornar um membro dela da noite para o dia. Leva-se aproximadamente seis meses para ficar familiarizado com o território e sentir-se à vontade com o jargão. O veterano possui pouca vantagem sobre o novato, já que nenhum deles pode prever os resultados, mas o profissional militante precisa usar o jargão. O assunto não é complexo, é meramente confuso para os leigos. Como se diz a respeito de ser treinador de futebol, deve-se ser esperto o bastante para ser bom na área e idiota o bastante para levá-la a sério. Há três passos no processo de filiação à comunidade antitruste. As habilidades exigidas podem ser adquiridas em uma faculdade de direito ou lendo ou assistindo a contínuas palestras de educação jurídica. Primeiro, deve-se familiarizar com algumas disposições legais e ser capaz de recordá-las a qualquer momento. Segundo, deve-se aprender a reconhecer alguns termos não encontrados nos estatutos, tais como "per se" e "regra da razão", bem como alguns nomes de casos, como *Illinois Brick* e *Noerr-Pennington* para não ser suplantado por outros iniciados que gostam de usar os no-

1 *United States* v. *Bergson,* 119 F. Supp. 459 (D.D.C. 1954).

mes de casos como abreviatura para as doutrinas que eles contêm. Terceiro, deve-se aprender alguns termos da teoria microeconômica.

O terceiro passo é crucial – aprender a usar um vocabulário de termos insignificantes ou ambíguos com autoridade. Deve-se aprender a usar metáforas como "mercado" e "barreira de entrada" como se tivessem um sentido que fosse completamente entendido. Essa habilidade vem pela prática em situações reais em que as decisões estão sendo tomadas – no governo ou no escritório de advocacia particular – aprendendo por meio da experiência à custa do contribuinte ou do cliente particular. O simples uso dos termos não é suficiente. As afirmações devem ser feitas com pompa suficiente de modo que seja difícil para o ouvinte não levá-las a sério. E para ser levado a sério deve-se levar-se a sério. Essa habilidade é adquirida não ouvindo, mas falando quando os outros são forçados a ouvir. Em relação a isso, não há substituto para o serviço do governo, já que o funcionário antitruste do governo deve ser ouvido, não importa o que esteja sendo dito. Na comunidade antitruste somente uma dose certa de hipocrisia deve ser mostrada. Aqui a experiência do governo também é a melhor professora.

Há uma dimensão adicional ao valor da experiência do governo, particularmente se for recente. Hoje existem obstáculos para se fazer o uso imediato da experiência do governo em benefício de um cliente particular como Bergson fez no início dos anos 50, mas se os advogados tiverem de atrair e manter clientes que têm problemas com o antitruste, ajuda muito se os clientes acharem que o advogado possui alguma fonte melhor de informação do que os jornais. A aparência de proximidade do tomador de decisão agrega valor às opiniões do advogado. Muito da prática antitruste consiste em avaliar e influenciar o pensamento dos funcionários do governo de nível médio quanto a assuntos sobre os quais eles têm ampla liberdade de ação. O advogado antitruste está vendendo acesso e penetração nas mentes daqueles que estão tomando decisões subjetivas extra-oficiais. Nos assuntos relativos às fusões, isso é quase o jogo todo. A lei estatutária e a jurisprudência, se aplicadas de maneira vigorosa, virtualmente interromperiam todas as fusões corporativas, deixando apenas essa pergunta: o governo atacará esta aqui? Basear a metáfora descritiva correta em um conjunto de fatos determinará o resultado.

Nenhuma quantidade de estudo de material escrito pode oferecer tanta chance de evitar dispendiosos erros de cálculo quanto um almoço oportuno, uma partida de tênis ou uma conversa casual em um hotel resort, com uma autoridade bem escolhida. Não é uma questão de corrupção, mas de acesso aos tomadores de decisão e à avaliação do pensamento deles. Como o professor Spencer Waller, diretor do Institute for Consumer Antitrust Studies (Instituto para os Estudos Antitruste do Consumidor) da Faculdade de Direito Loyola Chicago, escreveu: "O conhecimento dos tomadores de decisão, a familiaridade com a política atual de exigibilidade, mesmo se não publicada, bem como o acesso às agências, desempenham um papel crucial em vender a si mesmo como um especialista".[2]

## O Desenvolvimento da Comunidade Antitruste

A comunidade antitruste inclui advogados praticantes, professores de direito, economistas e funcionários do gover-

2 Spencer Weber Waller, "Prosecution by Regulation: The Changing Nature of Antitrust Enforcement", *Oregon Law Review* 77 (1998): 1383, 1444.

no que organizam conferências e publicam materiais propondo doutrinas antitruste. A comunidade antitruste reúne-se na seção da lei antitruste da Ordem dos Advogados Norte-Americana. A filiação à ABA é um pré-requisito para inscrever-se na Seção Antitruste . Nos 25 anos desde o seu início, em 1952, a seção havia crescido para 11 mil associados. A filiação atingiu seu pico em 1980, com uma mala-direta de aproximadamente 13 mil pagantes de mensalidades. Nos últimos anos a filiação permaneceu em aproximadamente 11 mil, mas a participação dos membros nas atividades da seção aumentou bastante. As mensalidades atuais da seção custam US$ 50 por ano. Um folheto promocional promete "networking" com um "grupo diversificado de milhares de profissionais, inclusive advogados de escritórios de advocacia particulares ou do governo, advogados corporativos que atuam dentro das empresas, associados internacionais, juízes, economistas e estudantes de direito".

A Seção Antitruste possui um rol de dirigentes eleitos a cada ano, geralmente sem oposição, e um conselho de 15 membros com mandados de três anos escalonados. O presidente da Comissão Federal de Comércio, o procurador-geral adjunto para o antitruste e um juiz federal também são membros *ex officio* do Conselho. A seção possui 28 comitês gerais, 6 comitês administrativos, 3 comitês do programa e 7 comitês de publicação. Há também 11 forças-tarefa especiais.

Durante 2006 a seção da lei antitruste agendou reuniões em Nova York e Washington, bem como no Chateau Montebello, em Montebello, no Canadá; no Savoy, em Londres; Halekulani, Honolulu, no Havaí; no St. Regis Monarch Beach Resort, em Dana Point, Califórnia, e no Sanctuary, Ilha de Kiawah, na Carolina do Sul. O maior encontro da associação ocorre durante a reunião anual de primavera em Washington, marcada para a época em que as cerejeiras estão floridas. Na reunião de 2006, no final de março, 2.200 associados haviam feito a pré-inscrição antes do início da reunião. A taxa era de US$ 725. Os participantes vieram de 43 estados e 38 países. Para o jantar, 118 mesas que acomodavam dez pessoas em cada estavam esgotadas. O pessoal "não-governamental" pagou US$ 135 por um lugar; o pessoal "do governo, acadêmicos e estudantes" pagou US$ 95. Coquetéis foram oferecidos em grandiosas recepções patrocinadas pelos escritórios de advocacia.

Em 30 de junho de 2005 o diretor-financeiro da seção relatou reservas de US$ 7.320.980. As operações durante o exercício fiscal de 2003-2004 produziram uma renda líquida de mais de US$ 900.000. O orçamento para 2006-2007 projetou uma renda líquida de US$ 275.000. Em retorno pelo pagamento das mensalidades, os associados da ABA recebem o *Antitrust* e *Antitrust Law Journal* três vezes por ano e a oportunidade de participar das atividades da seção. Eles também recebem descontos em publicações vendidas pela seção. Os associados elaboram resenhas, manuais, compêndios, guias e monografias, que são então são vendidos ao público em geral por centenas de milhares de dólares ao ano. O *Antitrust Law Developments* (5.ª ed.), descrito no catálogo das publicações como uma "leitura essencial" para o profissional militante antitruste, é encadernado com capa dura em dois volumes, totalizando duas mil páginas, e custa US$ 365. Um suplemento anual está disponível por US$ 115. O próprio catálogo de publicações consiste de 36 páginas. Nele estão inclusos três livros sobre fusões, que custam US$ 149,95 cada. Dois deles estão na segunda edição e o terceiro é uma terceira edição. Um trabalho de 171 páginas intitulado *Market Power Handbook* está disponível a US$ 134.

O orçamento de 2006-2007 previu uma receita bruta de US$ 737.063 decorrente das publicações.

A visão geral de Waller quanto à situação é a seguinte:

> O mundo antitruste é, em grande parte, impulsionado pela Seção da Lei Antitruste da Ordem dos Advogados Norte-Americana e pelos sócios antitruste dos grandes escritórios de advocacia que dominam a seção e lidam com a vasta maioria das grandes questões antitruste. A Seção Antitruste da ABA oferece as oportunidades mais diretas para demonstrar que você é um associado e um *player* importante no clube antitruste... [ABA] socialização... oferece... o jargão e a aculturação para galgar os degraus do poder e interagir com os profissionais militantes com formações semelhantes que poderão ser amigos, inimigos, ou o tomador de decisões do governo em qualquer dado assunto e que poderão aparecer na mesma postura ou numa diferente postura no próximo caso.[3]

Não é provável que os membros da comunidade antitruste ofereçam qualquer crítica séria a respeito da política de exigibilidade ou desenvolvam quaisquer propostas construtivas de reforma, exceto no que diz respeito aos procedimentos ou à eliminação de isenções legais das leis antitruste. Qualquer pessoa que trate de perto e continuamente com o antitruste estará ocupada beneficiando-se do *status quo*. A Seção Antitruste da ABA tornou-se uma líder de torcida para qualquer atividade governamental que esteja atualmente na moda e a sua extensão global. O plano de longo prazo da seção afirma que parte da sua "missão" é "aprimorar seu papel como fonte pree-

3 Waller, "Prosecution by Regulation", 1383, 1445-46.

minente de análise, debate e educação jurídica continuada nas áreas de antitruste, direito da concorrência, política da concorrência e proteção ao consumidor". Seu contrato social declara que em seu mandato consta "o desenvolvimento da exigibilidade antitruste *ativa*" (grifo nosso). Em abril de 2002 isso significou "apoio para o financiamento total das agências federais de exigibilidade antitruste".[4] Nenhuma análise sistemática ou avaliação de tal ativismo jamais foi realizada. As perguntas básicas – por exemplo, esse processo fez algum sentido ou realizou algo? – são raramente feitas nas reuniões ou nas publicações da seção. Ao contrário, as autoridades responsáveis pelos fiascos contínuos, tais como a campanha inútil do Ministério da Justiça contra a IBM e a busca pela FTC de um "monopólio compartilhado" imaginário dos fabricantes de cereal pronto para consumo recebem "prêmios de reconhecimento" por suas contribuições à comunidade.[5]

Em 1958 um Comitê de Política Antitruste do Fundo do Século Vinte publicou um relatório baseado em uma resenha sobre a história do antitruste em 20 setores, concluindo o seguinte:

> Até este momento, centenas de casos terminaram em decisões de diversos tipos destinadas a trazer mudanças nas estruturas do mercado e práticas comerciais. No entanto, muito pouco tempo e esforço foram despendidos, tanto dentro como fora do governo, na avaliação dos efeitos dessas decisões no comportamento das empresas ou na situação da concorrência nos setores afetados. Até que ponto as

4 *Antitrust* 16 (Verão de 2002): 4.

5 Vide o programa do almoço de 50.*o* aniversário publicado como um suplemento ao *Antitrust* 16 (Verão de 2002): 4.

empresas envolvidas agem diferentemente do que fariam se um caso nunca tivesse sido instaurado? A concorrência, em algum sentido expressivo da palavra, melhorou a olhos vistos? Quase ninguém se deu ao trabalho de perguntar.[6]

O Antitrust Modernization Commission Act de 2002 criou uma comissão constituída de 12 membros ilustres da comunidade antitruste e deu à comissão US$ 4 milhões durante um período de três anos para fazer recomendações a respeito de "questões e problemas relacionados à modernização das leis antitruste".[7] O procurador-geral adjunto para o antitruste, tendo sido solicitado a dar a sua opinião quanto aos tópicos que a comissão poderia estudar, sugeriu que o grupo "deveria considerar contratar especialistas respeitados (inclusive aqueles que não ganham a vida oferecendo serviços antitruste) para elaborar um estudo rigoroso sobre os efeitos da exigibilidade antitruste". A comissão rejeitou enfaticamente a sugestão. Em um fórum durante a reunião na primavera de 2005 da Seção Antitruste um membro da comissão disse que um estudo dos dados empíricos sobre quais os benefícios, se existentes, resultam da atividade antitruste seria muito difícil, porque os dados não estão prontamente disponíveis e a comissão tem melhores usos para os seus recursos.

Aqueles que estão ativamente engajados na prática antitruste devem falar como se existissem regras averiguáveis que

6 Simon N. Whitney, *Antitrust Policies: American Experience in Twenty Industries*, vol. II, New York: Twentieth Century Fund, 1958, p. 442.

7 "House Judiciary Committee Chairman Proposes Panel to Revamp Antitrust Law", *Antitrust and Trade Regulation Report* 80, 29 de junho de 2001, p. 614. Relatório Especial, *Antitrust and Trade Regulation Report* 88, 21 de janeiro de 2005.

fazem sentido e fazer o melhor possível "na função relativamente estéril de tecer velhas decisões em uma tentativa, geralmente fútil, de criar um tecido jurídico de uma vez, que seja um pouco mais atraente às necessidades dos seus clientes e ao gosto dos tribunais".[8] Os membros da comunidade antitruste, ao advogarem mudanças, geralmente limitam-se a "recursos" e procedimentos. Relutam em avaliar resultados ou em analisar tentativas judiciais de determinar regras normativas. Acham difícil manter-se afastados de doutrinas existentes que eles são continuamente obrigados a defender.[9]

## Doutrinação da Faculdade de Direito sobre os Elementos do Antitruste

O antitruste, diferentemente dos estatutos antitruste, que qualquer pessoa consegue pesquisar no Código Norte-Americano, é uma coleção mística de crenças persistentes, não necessariamente baseadas no fato nem na lei, ou sujeito ao controle do Congresso. Essas crenças são mantidas vivas e transmitidas para as novas gerações pelos membros da comunidade antitruste nas

8 Robert H. Bork, *The Antitrust Paradox*, New York: Basic Books, 1978, p. 415.

9 Por exemplo, vide Milton Handler, "Reforming the Antitrust Laws", *Columbia Law Review* 82 (1982): 1287-1364. O autor, pioneiro em unir o ensino à prática da lei, concluiu: "Agora temos um excelente corpo de doutrinas antitruste que, em geral, têm funcionado extremamente bem por quase um século". Elas têm funcionado bem particularmente para os membros da comunidade antitruste, mas há "pouca evidência empírica de que as intervenções passadas ofereceram algum benefício direto aos consumidores ou dissuadiram significativamente o comportamento anticompetitivo". Veja também Robert W. Crandall e Clifford Winston, "Does Antitrust Policy Improve Consumer Welfare? Assessing the Evidence", *Journal of Economic Perspectives* 17 (2003): 3, 4.

conferências da ordem dos advogados e nas faculdades de direito. Em um Curso de Mestrado em Antitruste na Sea Island, na Geórgia, um importante membro da comunidade antitruste disse aos futuros mestres que estavam pagando uma taxa substancial de participação que "é importante ir além de uma lista de 'o que fazer' e 'o que não fazer' e tentar explicar, em um nível mais aprofundado, do que tratam as leis antitruste".[10]

Os mestres antitruste devem ir mais além da mera interpretação das exigências legais promulgadas pelas legislaturas e administradas pelos funcionários do governo, porque existem poucas regras fixas. Eles devem perceber em um "nível mais aprofundado" o sentido de tudo isso. O principal meio para a transmissão deste aprendizado já foi o estudo de pareceres judiciais e livros didáticos de processos judiciais que os contém, mas grande parte da doutrina judicial é agora considerada desatualizada pela comunidade antitruste. "O livro didático de processos judiciais tradicional da faculdade de direito não percebe o sentido exato da lei antitruste moderna e da sua prática", escreve Waller.[11]

Os compiladores dos livros didáticos de processos judiciais tiveram de reconhecer a futilidade de tentar retratar o antitruste como um sistema coerente e unificado de leis. Alguns transformaram seus cursos em cursos de história que apresentam perguntas infindáveis impossíveis de ser respondidas.[12] Alguns

10 Thomas B. Leary, "Lessons from Real Life: True Stories that illustrate the Art and Science of Cost-Effective Counseling", The Antitrust Source, março de 2003, www.antitrustsource.com.

11 Waller, "Prosecution by Regulation", p. 1383, 1444.

12 Por exemplo, Eleanor M. Fox e Lawrence A. Sullivan, *Cases and Materials on Antitrust*, St. Paul, MN: West Publishing Co., 1989.

tentaram se diferenciar por meio de "uma abordagem equilibrada e diversificada na apresentação de um amplo espectro de ideias relativas às metas e escoras econômicas da lei antitruste", dando aos alunos "uma perspectiva maior para a escolha individual".[13] Um trio de professores universitários produziu um livro didático intitulado *Antitrust Law in Perspective: Cases, Concepts and Problems in Competition Policy*[14] (A Lei Antitruste em Perspectiva: Casos, Conceitos e Problemas na Política da Concorrência onde eles tentam trazer o aluno mais próximo da realidade. De acordo com uma resenha literária, os autores "evitam categorias formais" e "focalizam, em vez disso, conceitos baseados na economia". O livro contém uma introdução ao estudo da lei antitruste com "três temas": (1) como o antitruste está "evoluindo da análise de categorias discretas de comportamento em direção à confiança em um conjunto de conceitos centrais", (2) uma "tendência que está se desenvolvendo em direção à globalização da lei antitruste" e (3) "habilidades exigidas do advogado antitruste". O livro é caracterizado como "um livro didático de processos judiciais para os tempos de hoje".[15]

Uma premissa básica por trás de anos do ensinamento antitruste – de que as leis antitruste oferecem um conjunto coerente, racional e encontrável de leis por meio do qual o comportamento pode ser avaliado – não pode mais ser levada a

13 E. Thomas Sullivan e Herbert Hovenkamp, *Antitrust Law, Policy and Procedure,* 4th ed., Charlottesville, VA: Lexis Law Publishing, 1999, p. xiii.

14 Andrew I. Cavil, William E. Kovacic e Jonathan B. Baker, *Antitrust Law in Perspective: Cases, Concepts and Problems in Competition Policy*, St. Paul, MN: Thomson/West Publishing Co., 2002.

15 "A Casebook for Our Time", resenha de livro, The Antitrust Source, março de 2003, www.antitrustsource.com.

sério. Contudo, essa situação não pode ser tratada diretamente. Os professores do direito antitruste não podem admitir que a comunidade antitruste esteja administrando um sistema de meros palpites reguladores por aqueles que ocupam por acaso cargos de tomada de decisões, mas essa é a tese implícita do livro didático de processos judiciais para a nossa era. Para ser um advogado antitruste nos dias de hoje, deve-se compreender "conceitos" que estejam "evoluindo" para chegar "a um nível mais aprofundado" sobre o "que tratam as leis antitruste". Para desenvolver essa habilidade, deve-se estudar compêndios, manuais, guias, monografias e resenhas. O aluno deve ir além das "categorias formais do comportamento" e "focar" nos "conceitos centrais" para entender como a lei antitruste está "evoluindo". Deve-se participar de reuniões e ouvir palestras. A doutrinação realizada pelos veteranos da comunidade deve ser absorvida.

Os alunos do antitruste aprendem a responder perguntas em uma linguagem metafórica. É passada a noção de que os jogos de palavras que os alunos estão tentando aprender e os conceitos que eles estão lutando para compreender são descrições científicas dos fenômenos do mundo real, não somente descrições metafóricas de um mundo imaginário. O "entorpecimento" da mente dos alunos começa com a introdução da palavra intraduzível "antitruste", que não possui nenhum conteúdo fixo. A origem da palavra e a sua falta de definição não são discutidas. Os professores da lei antitruste, tais como aqueles da Harvard citados no capítulo 1, sentem-se à vontade com a régia personificação do antitruste implícito em termos tais como "domínio do antitruste", "a tarefa do antitruste" e "as metas do antitruste".[16] Tais professores con-

16 Phillip Areeda e Louis Kaplow, *Antitrust Analysis,* 5th ed., New York: Aspen Law and Business, 1997, p. 12.

seguem trabalhar com a personificação explícita do antitruste pelo uso de verbos ativos em frases como "o antitruste procura" e "o antitruste não toma como certo"[17] – insinuando que o professor está em entendimento com aquele que está à procura ou aquele que está fazendo e que algum dia o aluno poderá estar também.

Os livros didáticos de processos judiciais da faculdade de direito ainda apresentam o material sob um índice que sugere que o assunto pode ser organizado em um sistema coerente de regras que podem ser encontradas, limitando o tomador de decisão, em vez de somente conceitos jogados que permitem resultados imprevisíveis baseados em palpite ou capricho; como o "antitruste" não possui nenhum significado fixo, a "lei antitruste" também não. O uso repetido dos termos "antitruste" e "lei antitruste" dá aos alunos a sensação de que os termos possuem um significado definitivo, quando eles não têm. Isso não é admitido explicitamente. Ao contrário, é dito aos alunos que o antitruste "é uma mescla singular de teoria intelectual, política social, economia política, microeconomia e lei".[18]

## Termos que Soam Sinistros – Sentimentos de Superioridade Moral

A comunidade antitruste inventa termos que soam sinistros para fenômenos naturais e desfruta de um sentimento de superioridade moral ao proteger o público contra esses males. Diz-se que o processo antitruste é "complexo", "pelo qual

17 Ibid.

18 Eleanor M. Fox e Lawrence A. Sullivan, *Cases and Materials on Antitrust*, St. Paul, MN: West Publishing Co., 1989, p. v.

o formulador de políticas públicas deve selecionar entre valores de política concorrentes".[19] Isso faz com que todos aqueles que tomam decisões relativas ao antitruste sejam formuladores de políticas públicas. Uma parte importante do processo é atribuir aos contratos firmados livremente entre adultos por comum acordo rótulos que sugerem o uso da força quando não há nenhuma força envolvida. Isso é feito pelo uso de metáforas enganosas, tais como "poder de mercado", "controle de mercado" e "domínio de mercado". Uma empresa que atingiu 40% das vendas em algum período passado é conhecida por "controlar" 40% do mercado. Uma empresa que vendeu mais de algum produto do que qualquer outro vendedor é conhecida por "dominar" o mercado. Mas controle e domínio resultam da oferta de venda de alguma coisa que as pessoas queiram comprar. As pessoas não podem ser forçadas a comprar. Não há nenhuma força envolvida. Ninguém é controlado ou dominado. Em alguns casos, a suposta vítima do antitruste não é a parte supostamente controlada ou dominada, mas poderia querer ser – alguém que possa ter sido privado de uma oportunidade de vender. Por exemplo, como na "reciprocidade" (eu não venderei a você, a não ser que você compre de mim) ou "negociação exclusiva" (eu não venderei a você, se você comprar de qualquer outra pessoa). Em outros casos, tais como os contratos "vinculados" (se você quer comprar a minha máquina, promete comprar o meu sal ou tinta ou cartões perfurados que vão dentro dela), a parte supostamente lesada poderá não ter as máquinas para vender. Nos casos da "política de preços predatória" (ven-

19 Herbert Hovenkamp, "Antitrust Policy after Chicago", *Michigan Law Review* 84 (1985): 213, 284, citado em Robert Pitofsky, Harvey J. Goldschmid e Diane P. Wood, *Trade Regulation*, New York: Foundation Press, 2003, p. 9-11.

der a preços mais baixos do que aqueles aos quais os concorrentes desejam vender) ou "compra predatória ou oferta predatória" (comprar a preços mais altos do que aqueles pelos quais os concorrentes desejam comprar), nada de predatório está acontecendo. As pessoas estão simplesmente fazendo contratos de compra e venda firmados livremente.

As múltiplas metas do antitruste oferecem um conforto espiritual a todos os participantes, ao aplicar rótulos que soam sinistros a atividades comerciais naturais. Não importa quem os membros da comunidade antitruste estão representando, eles podem sentir que estão servindo ao interesse público. De um lado do argumento, os advogados estão defendendo a eficiência econômica e o consequente bem-estar do consumidor. Do outro lado do argumento, os advogados estão defendendo o direito da pequena pessoa à justiça fundamental, protegendo-a contra o controle, domínio ou exclusão pelo comportamento contundente e predatório. Em ambos os lados os advogados antitruste podem sentir que estão fazendo a coisa certa para os outros, enquanto fazem o bem para si mesmos.

Durante os últimos 50 anos os advogados antitruste, assim como a maioria dos advogados em geral, fizeram uma transição. A maioria dos profissionais antigamente independentes escolhidos pelos clientes por conta do seu discernimento objetivo, conhecimento e integridade tiveram de tornar-se participantes, autopromovendo-se em operações comerciais institucionais mantidas por propaganda dispendiosa e angariação ativa de clientes. Nos primeiros anos, os programas da seção da lei antitruste da ABA identificavam os palestrantes somente pelos seus nomes individuais; os nomes dos escritórios de advocacia nunca eram impressos no programa. Isso mudou. Os advogados não mais praticam a lei sob os seus próprios nomes, mas sob um nome comercial institucional estabelecido. Nenhum nome está completo sem uma afiliação institucional. Alguns combinam o escritório de advocacia com as conexões acadêmicas, usando um ou outro conforme seja mais conveniente para a ocasião. Para a maioria, praticar a lei significa servir como dentes de engrenagem substituíveis em imensas rodas, operando sob altas taxas horárias, produzindo mecanicamente memorandos, relatórios, petições e depoimentos para clientes "do escritório". Alguns dos que tinham um pensamento mais independente tornaram-se piratas que inventam uma classe de supostas vítimas, abrem caminho às cotoveladas para frente da fila de outros que fazem o mesmo e depois arrancam dinheiro dos réus, em vultosos acordos que resultam em pouco benefício, se houver, aos "clientes" pretendidos, mas belos honorários para os advogados.

Essa transição pode ter sido especialmente pronunciada e visível na comunidade antitruste, mas para compensá-la há também remunerações especiais que vão além do dinheiro para os advogados antitruste. Brigar judicialmente pode ser igualmente extenuante em qualquer especialidade, mas é menos intelectualmente exigente ser um conselheiro antitruste do que ser um advogado tributarista. Os advogados tributaristas podem cometer erros. Como há tão pouca previsibilidade na lei antitruste, raramente pode parecer que se estava errado. É difícil ser um advogado antitruste incompetente. Quase qualquer advogado minimamente treinado pode realizar o trabalho; o desafio é ganhar clientela. Advogados de ações coletivas criam seus próprios clientes. Os grandes escritórios de advocacia mantêm os clientes herdados ou recrutados pelas diferentes linhas de especialização sob um único guarda-chuva. Os riscos de insucesso e a responsabilidade pessoal são minimizados.

Uma das compensações mais satisfatórias de ser um membro da comunidade antitruste é o sentimento de camaradagem que vem com o compartilhamento de um jargão especial, bem como ser sócio de um clube fechado ao público em geral. A comunidade compartilha o desejo de passar essa camaradagem adiante para as gerações futuras. Conforme declarou um presidente da Seção Antitruste, "enquanto muitas organizações trabalham principalmente em benefício dos seus associados, a Seção sempre reconheceu uma missão mais ampla".[20] A declaração da missão da sessão inclui, entre outras coisas, "tornar conhecido para um grupo diversificado de estudantes de direito e jovens advogados as oportunidades de carreiras satisfatórias e recompensadoras na prática da lei antitruste e encorajá-los a pensar em perseguir tais oportunidades". Um presidente da seção referiu-se à "disseminação do evangelho antitruste".[21] É difícil imaginar uma organização de advogados tributaristas falando dessa maneira.

A disseminação do evangelho não está limitada aos Estados Unidos continental. Seguindo de alguma maneira o mesmo padrão do Comitê Nacional para o Estudo das Leis Antitruste do procurador-geral, durante a administração Eisenhower, um Comitê Internacional de Aconselhamento da Política da Concorrência criado durante a administração Clinton publicou um relatório influente que serviu como trampolim para que os membros da comunidade antitruste norte-americana evoluíssem em suas carreiras realizando seu trabalho missio-

20 "From the Section Chair", *Antitrust* 16 (Verão de 2002): 3.

21 "From the Section Chair", *Antitrust* 20 (Outono de 2005): 3.

nário no exterior.[22] Uma Rede Internacional da Concorrência foi organizada. A sua quinta conferência anual, realizada na Cidade do Cabo, na África do Sul, em maio de 2006, relatou ter atraído "quase 300 representantes de aproximadamente 70 agências antitruste".[23] A quarta conferência anual, realizada em Bonn, na Alemanha, em junho de 2005, contou com a participação de "mais de 400 representantes de 80 agências de concorrência e especialistas em concorrência de organizações internacionais, bem como comunidades jurídicas, comerciais, de consumidores e acadêmicas".[24]

Em apoio às dotações orçamentárias propostas para o exercício fiscal de 2007, o presidente da FTC afirmou que a sua comissão "desempenha um papel de liderança nos fóruns multinacionais mais importantes" (*sic*) promovendo a "cooperação e convergência em direção às melhores práticas com as agências concorrenciais e de proteção ao consumidor pelo mundo todo".[25] A participação em atividades deste tipo oferece aos membros da comunidade antitruste oportunidades de viagens ao exterior, de desenvolvimento comercial e de sentimen-

22 Relatório Final do Comitê Consultivo de Política de Concorrência Internacional ao Procurador-Geral e ao Procurador-Geral Adjunto para o Antitruste (2000), www.usdoj.gov/atr/icpac/finalreport.htm.

23 "International Competition Network Adopts Initiatives to Improve Antitrust Enforcement", *Antitrust and Trade Regulation Report* 90, 12 de maio de 2006, p. 549.

24 "ICN Conference Addresses Merger Vetting Improvements, Savors Anticartel Advances", *Antitrust and Trade Regulation Report* 88, 10 de junho de 2005, p. 621.

25 "FTC Chairman Offers Support for Agency's FY 2007 Appropriation", *Antitrust and Trade Regulation Report* 90, 7 de abril de 2006, p. 380.

tos reforçados de satisfação de superioridade moral através da "disseminação do evangelho do antitruste".[26]

26 "From the Section Chair", *Antitrust* 20 (Outono de 2005): 3.

# 3. Da "Caça ao Truste" até o Presente

Não há uma política norte-americana coerente em relação à concorrência. A comunidade antitruste é pró-concorrência, não somente antitruste. Os adeptos do antitruste veem a concorrência como a base da economia e se consideram guardiões dela. Eles acham que o controle político dos negócios é necessário. Eles veem os "setores regulados" como exceções menores em uma economia de mercado que, pelo que se supõe, é fundamentalmente livre e veem o antitruste como a alternativa para a regulamentação. Eles acreditam que o antitruste é necessário para manter livre o mercado livre. O antitruste, como árbitro, assegura que o jogo seja jogado de modo correto e de acordo com as regras. A aplicação das leis antitruste tem o objetivo de proteger um sistema competitivo contra aqueles que possam tentar monopolizar algo, da mesma maneira que se acredita que a Standard Oil monopolizou o petróleo há um século. As práticas comerciais, tais como a discriminação de preços (vendas a preços diferentes para diferentes compradores), o acordo de exclusividade (vendas sob a condição de que o comprador não compre de um concorrente do vendedor), bem como as fusões, devem ser evitados sempre que eles puderem diminuir a concorrência ou tenderem a criar um monopólio como a Standard Oil, de acordo com a comunidade antitruste.

A visão de economia dos adeptos do antitruste exagera arrogantemente o papel do antitruste. O suposto mercado livre e os conceitos da teoria microeconômica de "mercados" e "poder de mercado" dos adeptos do antitruste não levam em conta muito do que aconteceu nos últimos cem anos ou muito do que acontece agora no mundo real. A economia norte-americana não é livre. O governo cria barreiras e ajuda os favoritos. Os sindicatos trabalhistas fixam o preço da mão-de-obra. O governo concede monopólios (patentes). O governo recebe grandes parcelas dos lucros que estariam de outra forma disponíveis para investimento.

A comunidade antitruste vê o antitruste como o evento principal. Os setores regulados são vistos como um show à parte, embora o *Antitrust Law Developments* (5.ª ed.) da Ordem dos Advogados Norte-Americana liste sob "setores de atividades reguladas" o que segue: agricultura, comunicações (inclusive a radiodifusão, empresas de transportes públicos e televisão a cabo), energia (inclusive o gás natural, eletricidade e programas agrários federais), instituições e mercados financeiros, contratos governamentais, assistência médica, seguro, sindicalismo, esportes e transporte (inclusive transporte rodoviário, ferroviário e aéreo, bem como marítimo). Apesar daquelas conhecidas exceções, uma política a favor da concorrência deve ser fundamental. Os professores da Harvard dizem aos alunos: "O antitruste... procura orientação na concorrência perfeita, mas a análise inevitavelmente enfatiza as várias e complexas imperfeições dos mercados reais".[1]

1 Phillip Areeda e Louis Kaplow, *Antitrust Analysis*, 5th ed., New York: Aspen Law and Business, 1997, p. 12.

O Sherman Act de 1890, o estatuto antitruste básico, não contém a palavra "concorrência". O estatuto se refere à "troca ou comércio". O outro estatuto antitruste, o Clayton Act, adotado em 1914, contém as frases "para diminuir substancialmente a concorrência" e "lesar, destruir ou impedir a concorrência", mas "não oferece definição alguma da palavra "concorrência". O Congresso favorece a concorrência, mas somente se ela for leal. No Federal Trade Commission Act[2] (Lei da Comissão Federal de Comércio), adotada no mesmo ano que o Clayton Act, o Congresso declarou ilegais os "métodos desleais de concorrência" e criou uma comissão federal para impedi-los. O Congresso deixou a comissão definir quais os métodos de concorrência são desleais (o Federal Trade Commission Act não está entre as leis definidas como uma "lei antitruste" no Clayton Act).

Em 1922 a Suprema Corte decidiu que organizar jogos de beisebol não é comércio interestadual e, portanto, não implica concorrência sujeita aos estatutos federais antitruste.[3] A comunidade antitruste refere-se a isso como "a exceção do beisebol".[4] Nem o futebol americano[5] nem o basquete[6] possuem uma isenção semelhante. O Curt Flood Act, de 1998,[7] adicionou uma disposição ao Clayton Act revogando a isenção antitruste do beisebol na medida em que ela se relaciona à contratação de

2 Federal Trade Commission Act, 15 U.S.C. (1914) §§ 41-58.

3 *Federal Baseball Club* v. *National League of Professional Baseball Clubs*, 259 U.S. 200 (1922).

4 American Bar Association Section of Antitrust Law, *Antitrust Law Developments*, 5th ed., Chicago: ABA Publishing, 2002, p. 1385.

5 *Radovich* v. *NFL*, 352 U.S. 445 (1957).

6 *Haywood* v. *NBA*, 401 U.S. 1204 (1971).

7 *Curt Flood Act*, 112 Stat. 2824 (1998); 15 U.S.C. § 27a.

jogadores da liga nacional. O estatuto deixa inalterada a isenção das leis antitruste relativas às ligas secundárias (inclusive a convocação de jogadores) e das questões que envolvem relações jogador-técnico.

Em 1933 a Suprema Corte concluiu que o uso de um agente comum de vendas por 137 produtores de carvão em quatro estados para fixar o preço do carvão não deveria ser condenado somente porque ele elimina a "concorrência" entre os vendedores.[8] A Corte, com um voto contra, não viu a eliminação deste tipo de concorrência como proibida pelas leis antitruste. Os alunos da Escola de Direito da Universidade de Nova York aprendem em um livro didático de processos judiciais: "No caso *Appalachian Coals*, a Corte tratou como legítimo o acordo do agente comum de vendas (embora ela possa bem ter visto o acordo de vendas conjuntas como uma fachada para um cartel)".[9] Dois professores escrevem que o agente de vendas conjuntas "foi mantido sob a justificativa de que não possuía poder de mercado".[10] Hoje alguns consideram essa decisão como "uma aberração dos anos 30".[11] Os alunos da Escola de Direito da Georgetown aprendem no livro didático de proces-

8 *Appalachian Coals, Inc.* v. *United States,* 288 U.S. 344 (1933).

9 Eleanor M. Fox e Lawrence A. Sullivan, *Cases and Materials on Antitrust*, St. Paul, MN: West Publishing Co., 1989, p. 426.

10 Daniel J. Gifford e Leo J. Raskind, *Federal Antitrust Law Cases and Materials,* 2d ed., Cincinnati, OH: Anderson Publishing Co., 2002, p. 99.

11 Areeda e Kaplow, *Antitrust Analysis,* p. 190. Os autores continuam: "Embora há muito tempo tenha-se presumido que a decisão da *Appalachian Coals* possa ter tido pouca relevância contemporânea, as reivindicações mais recentes relativas à concorrência leal e preços justos no comércio internacional e contextos agrícolas invocam noções semelhantes àquelas articuladas no *Appalachian Coals*" (p. 190-91).

sos judiciais que "é necessário um sofisticado processo de caracterização" antes que algo possa ser automaticamente rotulado como um cartel ilegal.[12]

Os acadêmicos reconhecem a existência da decisão *Appalachian Coals*, mas a comunidade antitruste praticante não acha que ela ainda seja útil e raramente refere-se a ela. Algumas decisões da Corte Warren também não são levadas em consideração. Durante a época da agressiva prevenção governamental contra fusões, essa Corte declarou ilegal todo tipo de fusão, inclusive aquelas que podiam eliminar a "concorrência potencial".[13] Hoje pode ser corretamente dito, "a preocupação do antitruste em relação às fusões conglomeradas parece ter desaparecido sem deixar rastros".[14] A comunidade não está mais interessada em tais fusões. As diretrizes atuais relativas a fusões referem-se somente a "fusões horizontais" (aquelas entre partes conhecidas como "empresas concorrentes"). Por um lado, as diretrizes são mais permissivas do que as sentenças judiciais. Por outro lado, em relação aos acordos de estabilização de preços, a comunidade antitruste prefere a mais restritiva das duas declarações judiciais. No caso *Appalachian Coals*, a Corte recusou-se a condenar um acordo para fixar o preço do carvão. No caso *Socony-Vacuum*,[15] a Corte manteve a condenação criminal de um acordo para fixar o preço do petróleo. A comunidade antitruste adotou a última e ignora a anterior. Essas são

12 Robert Pitofsky, Harvey J. Goldschmid e Diane P. Wood, *Trade Regulation*, 5th ed., Westbury, NY: Foundation Press, 2003, p. 325.

13 *FTC* v. *Procter & Gamble Co.*, 386 U.S. 568, 581 (1967).

14 Robert H. Bork, Epílogo do *The Antitrust Paradox*, rev. ed., New York: The Free Press, 1993, p. 434.

15 *United States* v. *Socony-Vacuum Oil Co.*, 310 U.S. 150 (1940).

ilustrações da natureza "dinâmica" do antitruste livre do "que são exatamente as palavras do estatuto".[16]

Dois professores descreveram um episódio ilustrando a superficialidade do comprometimento norte-americano quanto à concorrência:

> A resposta inicial do New Deal à Depressão foi abandonar a aplicação das leis antitruste. Na busca de um recurso nacional para restaurar a economia, as leis antitruste foram expressamente revogadas pelo National Industrial Recovery Act (NRA) de 1933. Contrário às palavras de sabedoria econômica convencional, que defendiam o equilíbrio do orçamento e o corte dos salários e outros custos, o NRA foi uma tentativa de "reinflar" a economia pela formação de cartéis nos principais setores da economia. O administrador do NRA ordenou que antigos concorrentes se reunissem para incluir organizações trabalhistas e grupos de consumidores e, em conjunto, elaborar códigos que regeriam cada ramo de atividade que restringia ou eliminava a concorrência naquele setor. Os Códigos especificavam cada aspecto comercial, inclusive os preços, condições de trabalho e as condições comerciais para cada produto e serviço na economia.[17]

Durante esse período, os Estados Unidos tinham uma política clara quanto à concorrência comercial. A política adotada era eliminar a concorrência tanto quanto fosse possível, sendo

16 Joel Klein, Procurador-Geral Adjunto, Divisão Antitruste, falando em uma reunião da primavera da Seção da ABA relativa à Lei Antitruste, *Antitrust Law Journal* 68 (2000): 614.

17 Gifford and Raskind, *Federal Antitrust Law Cases and Materials*, p. 18-19.

ela leal ou não. A Suprema Corte considerou o National Industrial Recovery Act inconstitucional como uma delegação indevida de poder ao presidente que ia além do poder do Congresso de regulamentar o comércio interestadual.[18] Nenhuma política compatível foi desenvolvida desde então.

Não está claro se as aquisições corporativas deveriam ser vistas como destruidoras da concorrência ou como um método de concorrência. Não está claro que métodos de concorrência deveriam ser vistos como leais ou desleais. Não está claro quando os contratos são considerados legais porque eles fomentam a concorrência ou ilegais porque eles suprimem a concorrência. Não está claro quando as atividades são consideradas como esforços legais para concorrer ou esforços ilegais para obter ou fazer um mau uso de um monopólio. Sem ter uma definição de concorrência, nós, do público, não sabemos como mensurá-la ou como dizer se ela está sendo ou não reduzida. Não temos nenhuma política coerente em relação a quando a favorecemos ou nos opomos a ela. Quando as sentenças judiciais relativas à concorrência parecem se contradizer umas às outras, os professores antitruste dizem aos alunos: "Talvez cada caso seja o produto das convicções dominantes na época em que foi decidido".[19] "Convicções" poderiam ser traduzidas como "palpites" ou "caprichos" e alguém poderá perguntar: "Convicções de quem a respeito de quê?".

Não há um consenso a respeito de qual significado dar à palavra "concorrência". A maioria das pessoas de empresas diz que favorece a concorrência e, no entanto, usa o governo para

18 *Schechter Poultry Corp.* v. *United States*, 295 U.S. 495 (1935).

19 Fox e Sullivan, *Cases and Materials on Antitrust*, p. 307.

se proteger contra ela de qualquer maneira que pode. Ao menos cinco significados diferentes da palavra "concorrência" foram sugeridos: (1) rivalidade, (2) ausência de restrição sobre as atividades econômicas de uma pessoa por outra pessoa, (3) estado do mercado em que o comprador individual ou vendedor não influencia o preço pelas suas compras ou vendas, (4) existência de setores fragmentados e mercados preservados por meio da proteção de pequenos negócios viáveis, de propriedade local e (5) "qualquer situação em que o bem-estar do consumidor não pode ser aumentado pela troca por uma condição alternativa por meio de decisão judicial".[20] No mundo real, a política controla a rivalidade comercial por meio de patentes, licenças, isenções alternativas, quotas, subsídios, sustentações de preços, padrões da economia de combustível, controles ambientais, salários mínimos, bem como impostos e créditos fiscais e por meio da aplicação aleatória e seletiva de estatutos antitruste ambíguos. A afirmação de que o antitruste "procura orientação na concorrência" é desprovida de sentido. Depende de quem está procurando a orientação, onde essa pessoa a está procurando.

## Exigibilidade antes de 1980 – Metas Mutuamente Excludentes

Uma dupla de acadêmicos descreve a história errática da exigibilidade dos estatutos antitruste:

> Desde as origens do Sherman Act e por toda a sua história, uma lista de termos de conteúdo ambíguo parecem (sic) ter influenciado tanto as iniciativas de exigibilida-

20 Robert H. Bork, *The Antitrust Paradox*, New York: Basic Books, 1978, p. 61.

> de quanto a jurisprudência. No início havia tais termos como "trustes", "monopólios" e "concorrência impiedosa". Durante a Depressão e mais adiante, "grandiosidade", "concentração", "conluio", "paralelismo consciente", "alavancagem", "coerção", "execução", "poder de mercado", "poder do monopólio" e "movimento relativo às fusões" tornaram-se a base da ação coercitiva.[21]

O período do final dos anos 50, após a criação da seção da Lei Antitruste pela Ordem dos Advogados Norte-Americana, até o final dos anos 70 foi de um ativismo sem direção no antitruste. Durante os últimos dias da administração Eisenhower, uma FTC "revitalizada"[22] vigorosamente aplicou a seção 2 do Clayton Act, procurando livrar a indústria de vestuário dos pagamentos de propaganda e promoção pelos fabricantes não disponibilizados em condições igualmente proporcionais a todos os clientes concorrentes – uma prática difundida, violando claramente o estatuto. Uma ação coercitiva foi parar na Suprema Corte.[23] Naquela época a comunidade antitruste estava debatendo como proteger a concorrência sem proteger os concorrentes. Alguns diziam que quando os concorrentes são eliminados a concorrência é perdida, então os concorrentes (geralmente rotulados de "microempresas") devem ser protegidos. Outros diziam que, contanto que a concorrência permanecesse saudável, a perda de concorrentes individuais não deveria ser de grande preocupação. A adoção da meta única do bem-estar

21 Gifford e Raskind, *Federal Antitrust Law Cases and Materials*, p. 28.

22 Earl W. Kintner, "The Revitalized Federal Trade Commission", *New York University Law Review* 30 (1955): 11, 43.

23 *FTC* v. *Jantzen, Inc.*, 386 U.S. 228 (1967).

do consumidor foi mais tarde sugerida como uma solução para esse quebra-cabeça.

Manter a concorrência em vez de proteger os concorrentes individuais ganhou ascendência como o propósito do antitruste. Esforços constantes para que todas as fusões corporativas fossem declaradas ilegais continuaram. Atacar grandes empresas tornou-se mais atraente do que proteger pequenas empresas. O Ministério da Justiça iniciou uma investigação da IBM em 1967 e apresentou uma queixa em 1969, alegando que a IBM havia monopolizado os computadores digitais de uso geral.[24] No mesmo ano, o presidente Richard Nixon pediu à ABA uma avaliação profissional da FTC. No momento oportuno, o presidente de uma comissão de estudo da ABA foi nomeado presidente da FTC. Outra revitalização da instituição se sucedeu. Desta vez, em lugar de atacar fabricantes de roupas, a FTC buscou metas maiores. Em 1972 a comissão alegou que quatro fabricantes de cereais prontos para consumo compartilhavam um monopólio e que a indústria deveria ser reestruturada.[25] Em 1976 a comissão alegou que a General Motors havia monopolizado ilegalmente uma parte do seu próprio estoque de autopeças. A comissão procurou forçar a GM a trocar seu sistema de distribuição de peças.[26]

O livro de Frederick Rowe a respeito da discriminação de preços,[27] publicado em 1962, destruiu intelectualmente a seção 2 do Clayton Act. Essa seção de um dos dois estatutos

24 *In re IBM Corp.*, 687 F.2d 591 (2d Cir. 1982).

25 Kellogg Co., 99 F.T.C. 8 (1982).

26 General Motors Corp., 99 F.T.C. 464 (1982).

27 Frederick M. Rowe, *Price Discrimination Under the Robinson-Patman Act*, Boston: Little Brown, 1962.

antitruste básicos perdeu o favorecimento dentre a comunidade antitruste. A seção 2 do Clayton Act está com a reputação tão ruim que a comunidade antitruste prefere não pensar nele como uma lei antitruste e refere-se a ele como "o Robinson-Patman Act". Uma força-tarefa composta de membros seniores da seção da lei antitruste da ABA elaborou um relatório intitulado "The State of Federal Antitrust Enforcement–2004" (O Estado da Exigibilidade Federal Antitruste-2004), em que recomendou a "revogação das seções 2(c) e 3" do Robinson-Patman Act. Não há nenhuma seção 2 (c) do Robinson-Patman Act. A força-tarefa se referia à seção 2 (c) do *Clayton Act*, conforme alterado pela seção 1 do Robinson-Patman Act, bem como à seção 3 do Robson-Patman Act.

Esse erro descuidado é indicativo da atitude descuidada da comunidade antitruste em relação aos estatutos. O erro não é irrelevante. A seção 2 do Clayton Act proibia a discriminação de preços, mas foi interpretada de tal forma que oferecia proteção insuficiente aos pequenos varejistas de produtos de mercearia que estavam concorrendo com as redes de lojas. A seção 1 do Robinson-Patman Act, de 1936, alterou a seção 2 do Clayton Act para solucionar o problema percebido. A seção 2 do Clayton Act, conforme alterada pelo Robinson-Patman Act, permanece sendo uma das leis antitruste definida pelo Congresso como base para possíveis ações de perdas e danos.

Além da seção 1, que prorrogou por meio de uma emenda, a proibição civil de discriminação de preços do Clayton Act, o Robinson-Patman Act contém outras disposições que não são "leis antitruste". Por exemplo, a seção 3 dessa lei considera delito criminal vender "a preços excessivamente baixos com o propósito de destruir a concorrência ou eliminar um concorrente".[28]

Depois da alteração da seção 7 do Clayton Act de 1950, estendendo a cobertura daquele estatuto, principalmente à aquisição de ativos bem como de ações, tanto a FTC quanto o Ministério da Justiça buscaram programas ativos de prevenção contra fusões. Robert Bork, enquanto professor de lei antitruste na Universidade Yale, descreveu o ambiente:

> A iminente concentração de todo o direito de propriedade em algumas corporações gigantes assim como o concomitante falecimento da microempresa é o padrão, Mark I, o bicho-papão do antitruste. Este congelamento da economia tem sido profetizado livremente pelo menos desde os debates sobre o Sherman Act de 1890, sempre com base nas impressionantes tendências atuais e ele nunca passa. Ele também nunca parou de assustar as pessoas. O mal dessa concentração profetizada em toda a economia parece ser tão imenso e auto-evidente que as faculdades cruciais estão sufocadas.[29]

Foram publicados estudos a respeito da estrutura do mercado e um modelo de oligopólio foi desenvolvido. Ele unia a estrutura de mercado a lucros mais altos e ao comportamento anticompetitivo. A ideia de que se uma maior concentração é um bom motivo para parar com as fusões e que a "desconcentração" poderá ser necessária ganhou aceitação. Afinal de contas, a prevenção contra fusões somente preserva a posição dominante dos que já são dominantes. Por que não as dissolve-

28 Robinson-Patman Act of 1936, 15 U.S.C. § 13a.

29 Bork, *The Antitrust Paradox*, New York: Basic Books, 1978, p. 202.

mos e fazemos algo realmente bom? Em 1968 uma Força-Tarefa da Casa Branca sobre a Política Antitruste recomendou a promulgação de uma Lei de Concentração de Indústrias para reduzir a concentração em qualquer setor onde "quatro ou menos firmas tivessem uma participação agregada de 70% ou mais durante pelo menos sete dos dez e quatro dos cinco anos-base mais recentes". O senador Phillip Hart propôs uma Lei de Reorganização Industrial direcionada às maiores empresas em sete ramos de atividade.

A febre da "concentração" não durou. Em 1971 John McGee publicou *In Defense of Industrial Concentration* (Em Defesa da Concentração Industrial).[30] Ele elaborou gráficos e equações algébricas em defesa da concentração para refutar aqueles gráficos e equações que haviam sido usados para condená-la. Outros economistas, tais como Harold Demsetz[31] e Yale Brozen,[32] questionaram tanto as bases teóricas quanto as bases empíricas para questões relativas à concentração. Propostas de Lei para desmembrar o setor foram abandonadas. Em 1982 a FTC desistiu do seu caso dos cereais. Naquele mesmo ano, depois de cinco anos de litígio com a General Motors sobre a distribuição de autopeças, a comissão concluiu que "as partes lutaram e chegaram a um empate". Percebendo que não havia nada que pudesse fazer a respeito da situação de qualquer maneira (porque não podia forçar a GM a vender para

30 John S. McGee, *In Defense of Industrial Concentration*, New York: Praeger Publishers, 1971.

31 Harold Demsetz, *Economic, Legal, and Political Dimensions of Competition*, Amsterdam: North Holland, 1982.

32 Yale Brozen, *Concentration, Mergers, and Public Policy*, New York: Macmillan, Bums, Malcolm, 1982.

compradores específicos), a FTC abandonou o caso. Também em 1982 o Ministério da Justiça desistiu da sua busca inútil de 15 anos do suposto monopólio de computadores da IBM. Até 1984 podia-se dizer que o modelo de oligopólio "personifica a visão obsoleta de uma época passada".[33] Isso não significa que ele foi eliminado da mente antitruste. De fato, ele desempenha um papel importante nas atuais diretrizes relativas a fusões. O medo da consolidação corporativa continua sendo um elemento central do antitruste.

## Tentativa de uma Base Racional na Teoria Econômica

Até 1980 proteger as microempresas por meio da aplicação vigorosa da seção 2 do Clayton Act e evitar a concentração por meio da aplicação coletiva da seção 7 do Clayton Act havia perdido seu apelo. O uso da seção 2 do Sherman Act pelo Ministério da Justiça para atacar a suposta monopolização de computadores pela IBM e o ataque da FTC sobre o monopólio compartilhado dos fabricantes de cereais resultaram em fiascos. O antitruste precisava de um novo fundamento lógico e a assim chamada "Escola de Chicago" forneceu um.

Como Daniel Gifford e Leo Raskind observaram, "até o final dos anos 70 havia ficado claro que a eficiência alocativa havia surgido como o critério dominante na interpretação judicial das leis antitruste".[34] O pensamento era o seguinte: os monopólios são ruins porque permitem que o monopolis-

33 Frederick M. Rowe, "The Decline of Antitrust and the Delusions of Models", *Georgetown Law Journal* 72 (1984): 1511. Este artigo contém uma história detalhadamente documentada da ascensão e declínio do "bicho-papão" da concentração econômica.

34 Gifford e Raskind, *Federal Antitrust Law Cases and Materials*, p. 28.

ta aumente o preço acima do custo marginal e obtenha lucros do monopólio em um volume menor. Como resultado disso, os recursos são distribuídos indevidamente e o bem-estar do consumidor é reduzido. O antitruste deveria ser posicionado em direção à meta única de prevenir práticas monopolistas que prejudicassem o bem-estar do consumidor. Todo o resto é inútil ou perverso. A economia é a chave.

Em 1976 Richard Postner, um professor da Faculdade de Direito da Universidade de Chicago, sugeriu a revogação de todas as leis antitruste, exceto a seção 1 do Sherman Act, porque "estatutos antitruste em demasia... estimularam uma expansão desajuizada e insensata do escopo proibitório do antitruste".[35] Dois anos depois, Bork, um ex-aluno da Faculdade de Direito da Universidade de Chicago, insistiu em uma reforma do antitruste "para atacar três classes de comportamento": (1) acordos horizontais para fixar preços e dividir mercados; (2) fusões horizontais "criando participações de mercado bem grandes" deixando "menos de três rivais significativos em qualquer mercado" e (3) "predação deliberada", "tomando... cuidado para não confundir concorrência acirrada com predação". Algumas condutas condenáveis devem ser permitidas – "acordos sobre preços, territórios, recusas de negociação e outras supressões de rivalidade que sejam auxiliares... para uma integração da atividade produtiva..., pequenas fusões horizontais, todas as fusões verticais e conglomeradas, a manutenção vertical dos preços e divisão de mercado, acordos vinculados, negociação exclusiva e

35 Richard A. Posner, *Antitrust Law*, Chicago: University of Chicago Press, 1976, p. 212.

contratos de exigências, redução 'predatória' de preços, [e] 'discriminação' de preços".[36]

Bork concluiu que "a única meta legítima da lei antitruste norte-americana é a maximização do bem-estar do consumidor" e que "as histórias legislativas dos estatutos antitruste... não dão apoio a qualquer alegação de que o Congresso pretendia que os tribunais sacrificassem o bem-estar do consumidor para atingir qualquer outro objetivo".[37]

Posner e Bork acreditavam no antitruste e procuravam reforma, não abolição. Eles mudaram a retórica do antitruste. Sem nenhuma alteração dos estatutos, o escopo proibitivo do antitruste havia sido estreitado. Quanto à discriminação de preços proibida pela seção 2 do Clayton Act, uma força-tarefa da seção da ABA da lei antitruste observou em um relatório de 2001 "a eliminação essencial da atividade federal de exigibilidade durante o último quarto de século" e "o desprezo bipartidário quase completo do estatuto".[38] A alteração da seção 7 em 1976, exigindo notificação das fusões propostas ao governo, tornou a seção 7 impossível de ser ignorada da maneira que a seção 2 foi ignorada, mas a prevenção indiscriminada de fusões cessou. A recomendação de Bork de que as fusões verticais e conglomeradas deveriam ser permitidas foi seguida. Mais de 95% das fusões notificadas não foram incomodadas.

36 Bork, *The Antitrust Paradox*, New York: Basic Books, 1978, p. 405, 406.

37 Ibid., p. 51, 66.

38 Seção da ABA da Lei Antitruste, Relatório da Força-Tarefa relativo às Agências Federais.

## A Economia do Bem-Estar do Consumidor Assume o Comando como Retórica – A Pressão Protecionista ou Equidade ainda Existe

Alguns membros da comunidade antitruste viram o pensamento da Escola de Chicago como uma ameaça à sua existência e, por um tempo, ele realmente foi. A eleição presidencial de Ronald Reagan resultou na nomeação de James C. Miller, um economista em vez de um advogado, para presidir a FTC e de um professor de direito da Stanford, William Baxter, para chefiar a Divisão Antitruste no Ministério da Justiça. Baxter havia sido membro da força-tarefa da Casa Branca em 1968, que recomendou dissolver os setores concentrados, mas por volta de 1981 ele havia mudado de ideia a respeito da concentração. A atividade antitruste, ao lado de outras atividades reguladoras, desacelerou. Espalharam-se boatos de que um proeminente escritório de advocacia de Washington teria de pegar dinheiro emprestado para honrar a folha de pagamento mensal. O escritório que o antigo chefe antitruste do Ministério da Justiça, Herbert Bergson, havia iniciado no começo dos anos 50 começou a "enxugar" as despesas e, por fim, desapareceu. Ralph Nader e Fred Furth, um experiente advogado de um reclamante antitruste, organizaram uma reunião de ressurgimento às suas próprias custas, no Arlie Center no norte da Virgínia, não tão longe de Washington. A maioria dos líderes da comunidade antitruste foi convidada e compareceu. Os tradicionalistas acadêmicos se esforçaram para evitar que "o pêndulo" balançasse para muito "longe".[39] Em 1987 o dire-

39 Robert Pitofsky, "The Sylvania Case; Antitrust Analysis of Non-Price Vertical Restrictions", *Columbia Law Review* 78 (1978): 1, 3; Eleanor Fox, "The Modernization of Antitrust: A New Equilibrium", *Cornell*

tor do Centro de Direito da Universidade de Georgetown disse que "a falta de ação e uma retórica vaga contribuíram para uma explosão tola e ineficaz de consolidações gigantes" e insistiu que "uma política de exigibilidade do antitruste mais vigorosa e pragmática deveria ser restabelecida".[40] Outro importante membro da comunidade antitruste lamentou que a "religião" antitruste estivesse "morrendo", e isso representava "a perda de um precioso recurso cultural".[41]

A religião antitruste não estava morrendo. Ela permanece viva e bem. O comparecimento na reunião da primavera de 2006 da seção de lei antitruste da ABA estava no seu ápice. O antitruste simplesmente mudou, passando da proteção das microempresas e prevenção da concentração para a promoção do bem-estar do consumidor. Um criador da nova retórica para o antitruste analisou seu trabalho com benevolência nas palavras a seguir:

> Começando por volta de 1970, um maior consenso e sofisticação na análise econômica do antitruste incentivaram uma abordagem mais sofisticada à lei antitruste e, no começo dos anos 80, coincidiu com uma atitude pública mais positiva perante o capitalismo. A fantasia do "grande negócio" foi em grande parte esquecida. A eficiência tornou-se a única meta geralmente aceita do antitruste. Mais juízes e advogados aprenderam os fundamentos da eco-

*UIW Review* 66 (1981): 1140; Victor H. Kramer, "Antitrust Today: The Baxterization of the Sherman and Clayton Acts", *Winsconsin Law Review* 1981 (1981): 1287, 1302.

40 Robert Pitofsky, "Does Antitrust Have a Future?" *Georgetown Law Journal* 76 (1987): 321, 326.

41 Frederick M. Rowe, "The Decline of Antitrust and the Delusions of Models", *Georgetown Law Journal* 72 (1984): 1511, 1570.

> nomia antitruste e os economistas antitruste tornaram-se mais eficientes como consultores e peritos. É justo dizer que no início do seu segundo século de existência a lei antitruste tornou-se uma ramificação da economia aplicada, atingiu um alto grau de racionalidade e previsibilidade e é uma história de sucesso da qual todas as ramificações da lei e disciplinas aliadas podem se orgulhar.[42]

Observe este uso do termo "antitruste" por um adepto do antitruste e a ausência de qualquer referência aos estatutos antitruste. É a "análise do antitruste" e a "meta do antitruste" que estão em questão. O que está sendo discutido é a doutrina religiosa, não o sentido da linguagem estabelecida por lei. O argumento é sobre a roupagem do antitruste. A convicção sobre a lenda da Standard Oil e o medo da consolidação corporativa ainda são os elementos básicos da crença. Mas o que resta à comunidade antitruste é ajustar-se à nova retórica e adaptá-la às metas da crença. Isso é possível porque a teoria econômica não consegue fornecer regras normativas de comportamento. A economia, mesmo sendo aceita como ciência, pode nos dizer o que foi, o que é e, às vezes, o que será. Ela não pode nos dizer o que deverá ser. O antitruste pode.

Até mesmo a vitória retórica da faculdade de Chicago foi exagerada. A aceitação da eficácia como a única meta do antitruste está menos do que completa. O acadêmico antitruste Herbert Hovenkamp disse aos alunos:

A abordagem ao antitruste da Escola de Chicago é falha por dois motivos importantes. Primeiramente, a noção de que a formulação de políticas públicas deveria ser orientada exclu-

42 Richard A. Posner, *The Problematics of Moral and Legal Theory*, Cambridge, MA: Harvard University Press, 1999, p. 229.

sivamente por uma noção de eficiência baseada no modelo neoclássico de eficiência de mercado é ingênua. Essa noção tanto exagera a habilidade do formulador de políticas públicas em aplicar tal modelo às questões do mundo real quanto atenua a complexidade do processo em que o formulador de políticas públicas deve selecionar entre valores de políticas concorrentes. Segundo, o modelo neoclássico de eficiência de mercado é por si só muito simples para explicar ou para prever o comportamento das empresas comerciais no mundo real.[43]

Hovenkamp é ainda outro membro da comunidade antitruste que aceita a existência "antitruste" como algo independente das regras jurídicas. Não há nenhuma pretensão da aplicação dos estatutos pelos juízes. O antitruste deve ser abordado de uma maneira mais sofisticada. As decisões antitruste são decisões sobre qual é a política de atuação a ser seguida. Por meio de um processo complexo, a pessoa que toma a decisão seleciona dentre os valores de políticas concorrentes.

A Escola de Chicago tentou dar à exigibilidade do antitruste uma meta única, a de oferecer racionalidade e previsibilidade no lugar do que era visto como a tendência da Corte Warren de selecionar entre valores de políticas concorrentes e aplicar os "seus próprios valores sociais".[44] Agora há ampla aceitação de que a eficiência alocativa tornou-se *uma* das metas do antitruste, porém permanece na comunidade antitruste uma forte sensação de que o antitruste possui mais de uma meta dentre as quais aqueles que tomam decisões antitruste podem

43 Herbert Hovenkamp, "Antitrust Policy after Chicago", *Michigan Law Review* 84 (1985): 213, citado em Pitofsky, Goldschmid e Wood, *Trade Regulation*, p. 11.

44 Bork, *The Antitrust Paradox*, New York: Basic Books, 1978, p. 65.

escolher, deixando os tomadores de decisões livres para aplicar as suas próprias preferências de política. Uma dupla de especialistas vê a escolha das metas da seguinte maneira:

> Essas metas geralmente se enquadram dentro de quatro categorias: (1) promover o bem-estar do consumidor, inclusive a alocação eficiente de recursos existentes e evitando a transferência de riquezas para participantes com poder de mercado; (2) fomentar a inovação e o progresso tecnológico; (3) proteger as empresas individuais por meio das metas de justiça e equidade e (4) manter um poder descentralizado.[45]

A alegação de que a lei antitruste atingiu a racionalidade e previsibilidade pode ser apoiada pelas citações às decisões da Suprema Corte que se moveram naquela direção. A Corte reconheceu a implausibilidade da redução predatória de preços[46] e recusou-se a alegar que licenças coletivas de músicas protegidas por direitos autorais são automaticamente ilegais.[47] A Corte também não disse que os acordos entre o comprador e o vendedor são necessariamente ilegais apenas porque eles restringem a liberdade do comprador de revender.[48] Ainda assim, é difícil afirmar que a economia aplicada tenha fornecido qualquer precisão ao problema de identificar a monopolização ile-

45 Lawrence A. Sullivan e Warren S. Grimes, *The Law of Antitrust: An Integrated Handbook*, St. Paul, MN: West Group, 2000, sec. 1.5b, citado em Gifford e Raskind, *Federal Antitrust Law Cases and Materials*, p. 55. Observe que este é um manual da lei do antitruste, não um manual da lei antitruste, muito menos um manual dos estatutos antitruste.

46 *Matsushita Electric Co.* v. *Zenith Radio Corp.*, 475 U.S. 574 (1986).

47 *Broadcast Music, Inc.* v. *Columbia Broadcasting System, Inc.*, 441 U.S. 1 (1979).

48 *Continental T. V., Inc.* v. *GTE Sylvania, Inc.*, 433 U.S. 36 (1977).

gal ou de que a regulamentação de fusões atual possui qualquer previsibilidade que seja. Frases ambíguas nos estatutos antitruste dão poder aos funcionários do governo para interferir na atividade comercial, mas não fornecem tanta orientação quanto a quando ou onde ou por que fazê-lo. Um século de sentenças judiciais forneceu pouco esclarecimento. Há muito poucos motivos para acreditar que a teoria microeconômica trará tanta mudança. Mesmo se a eficiência alocativa fosse aceita como o único fundamento lógico para as decisões que aplicam os estatutos antitruste, as metas de justiça e equidade, ainda ampla e firmemente apreciadas, poderiam ser buscadas por meio da aplicação imaginativa do conceito imaginário de poder de mercado. De fato, o poder de mercado substituiu a concentração como o bicho-papão do antitruste e como o principal malefício ao qual é agora dirigido o processo cerimonial do antitruste.

# 4. A Magia do "Poder de Mercado"

A comunidade antitruste usa o poder de mercado, um conceito imaginário da teoria econômica, como se o termo descrevesse algo que realmente existe. O antitruste é *pró* concorrência. O antitruste é *anti* o quê? Os estatutos antitruste não contêm uma resposta para essa pergunta. A comunidade antitruste forneceu uma resposta. O antitruste é *anti* poder de mercado. O mal básico contra o qual as atividades antitruste são direcionadas é o poder de mercado. O raciocínio é mais ou menos assim: a parte ruim a respeito da monopolização é que o monopolista adquire poder de mercado. A parte ruim a respeito de algumas fusões é que elas podem resultar em poder de mercado. Um dos elementos centrais do antitruste é a crença de que as empresas podem e realmente exercem o poder de mercado e que compete ao governo evitar que elas façam isso. A doutrina oficial declara: "No seu âmago, a política antitruste visa a impedir que as empresas obtenham, retenham ou abusem do poder de mercado".[1]

Dois elementos do antitruste – a crença na lenda da Standard Oil e o medo da consolidação corporativa – são com-

1 Seção ABA da Lei Antitruste, *Market Power Handbook*, Chicago: ABA Publishing, 2005, p. *vii*.

partilhados por muitos norte-americanos letrados. O terceiro elemento – a crença na existência do poder de mercado, bem como a responsabilidade do governo de fazer alguma coisa a respeito disso – pertence aos especialistas antitruste profissionais. A maioria dos norte-americanos nunca ouviu falar dele. O que é poder de mercado?

> Os economistas definem 'poder de mercado' como a habilidade de uma empresa ou grupo de empresas dentro de um mercado de cobrar lucrativamente preços acima do nível competitivo por um período de tempo prolongado. Embora qualquer empresa possa aumentar seu preço, nem todas as empresas podem fazê-lo lucrativamente. Como resultado, uma característica diferencial de uma empresa ou grupo de empresas com poder de mercado é que os preços delas podem ser aumentados sem que a empresa ou grupo de empresas perca tantas vendas de modo que o aumento de preço não seja rentável. Se houver substitutos próximos ou se outras pessoas puderem facilmente começar a produzir substitutos próximos, uma empresa não lucrará com o aumento de preço e, assim, por definição, não existe poder de mercado.[2]

Em outras palavras, você tem poder de mercado se tiver poder de mercado. Esse poder de mercado não é real. É um conceito analítico da teoria econômica. Ele vem dos modelos de concorrência perfeita e monopólio encontrados nos livros didáticos. O conceito não carrega nenhuma premissa de que o poder de mercado alguma vez já pertenceu a qualquer empresa ou grupo de empresas ou que alguma vez pertenceria. É um poder imaginado, como a bruxaria. É o poder que uma em-

2 Ibid., p. 1-2.

presa ou empresas teriam em uma situação imaginada – uma situação em que a empresa ou grupo de empresas não possui nenhum concorrente por um longo período de tempo e que não existe nenhum substituto próximo ou potenciais substitutos próximos. Essa capacidade imaginada de uma empresa ou grupo de empresas imaginadas, em uma situação imaginada, foi importada para a interpretação e regras de exigibilidade dos princípios gerais de direito que contêm as palavras "proibição do comércio", "monopolizar" e "diminuir a concorrência", como se o poder de mercado fosse real – como se descrevesse uma situação que realmente existe –, como se possuir tal poder hipotético pudesse ser uma questão de prova factual.

O Sherman Act proíbe contratos "que restringem a troca ou comércio entre diversos estados ou com nações estrangeiras" e o monopólio ou tentativa de monopolizar "qualquer parte da troca ou comércio entre os diversos estados, ou com nações estrangeiras". O Clayton Act proíbe fusões "onde, em qualquer setor do comércio... em qualquer parte do país, o efeito... possa ser o de reduzir substancialmente a concorrência ou tender a criar um monopólio". A investigação judicial sobre se a conduta viola ou não aqueles padrões normativos vagos e ambíguos nos estatutos antitruste transforma-se no que a comunidade antitruste chama de "análise de mercado". As decisões ganham um brilho de racionalidade com a discussão "do mercado relevante". O processo é descrito dessa forma:

A análise de mercado começa com a definição de mercado relevante. Sem definir o mercado relevante, não há nenhum contexto significativo no qual avaliar os efeitos competitivos da proibição. Um mercado relevante possui tanto as dimensões de produto quanto geográficas. Depois de definir o mercado relevante, a Corte considera se o réu tem ou não "poder de mercado" – tipicamente definido como "a habilidade de aumentar os preços acima daqueles que seriam cobrados em um mercado competitivo". As Cortes têm geralmente decidido que a prova do poder de mercado do réu é um pré-requisito absoluto para um reclamante que procura usar a análise de mercado para satisfazer seu ônus de trazer evidências do o provável efeito anticompetitivo.[3]

A comunidade antitruste leva esse processo a sério porque os pareceres judiciais escritos nesses termos são usados como regras pelas quais a conduta é julgada. O poder de mercado nessa formulação não é apenas um conceito teórico. É uma habilidade que o réu pode conseguir e exercer. A posse do poder de mercado pode ser uma questão de "comprovação" – algo que os juízes e júris podem considerar como fato. Nesse sentido, o Ministro da Suprema Corte John Paul Stevens chamou o poder de mercado de uma "habilidade especial... de forçar um comprador a fazer algo".[4] No mesmo sentido, o Commentary on the Horizontal Merger Guidelines (2006) – Comentário sobre as Diretrizes de Fusões Horizontais –, publicado pela Comissão Federal de Comércio e o Ministério da Justiça, declara na página 1 que a "preocupação central das leis antitruste, inclusive se dizem respeito a fusões entre rivais, é a criação ou intensificação do poder de mercado" e que "não se deve permitir que as fusões criem ou intensifiquem o poder de mercado ou facilitem o seu exercício".

3 Seção ABA da Lei Antitruste, *Antitrust Law Developments,* 5th ed., Chicago: ABA Publishing, 2002, p. 67-68.

4 *Jefferson Parish Hospital District No. 2 v. Hyde,* 466 U.S. 2 (1984).

Os autores do Comentário escrevem como se as leis antitruste fossem pessoas. As pessoas têm preocupações. Os estatutos não. Alguém tem preocupações quanto à criação, intensificação e exercício do poder de mercado. O governo deve responder a tais preocupações.

Os especialistas antitruste ressaltam: "Frequentemente, o poder de mercado não é facilmente avaliado; a 'análise' certamente exige uma detalhada investigação específica dos fatos quanto às condições competitivas subjacentes, que podem ser complexas".[5] O poder de mercado "é possuído até certo ponto por toda empresa que não é limitada pela concorrência perfeita".[6] Em outras palavras, todo garoto com uma barraca de limonada possui *algum* poder de mercado. "Nos mercados com produtos diferenciados, a ausência de concorrência localizada pode permitir que uma empresa exerça o poder de mercado."[7] Como sabemos quando o réu possui poder de mercado obtido intencionalmente suficiente para ser um criminoso que está violando o Sherman Act? Como sabemos quando uma fusão pode resultar na criação de tal quantidade inaceitável de poder de mercado que deveria ser impedida? "A teoria econômica por si só... não oferece uma linha clara que indique quando tal poder levanta preocupações de que ele viola as leis antitruste."[8] "O *quantum* de poder exigido para a intervenção judicial varia com a nature-

5 ABA, *Market Power Handbook*, p. 117.

6 Phillip Areeda e Louis Kaplow, *Antitrust Analysis*, 5th ed., New York: Aspen Law and Business, 1997, p. 554.

7 ABA, *Market Power Handbook*, p. 87.

8 Alan J. Daskin e Lawrence Wu, "Observations on the Multiple Dimensions of Market Power", *Antitrust* 19, no. 3 (Verão de 2005): 57.

za do desafio antitruste."[9] De acordo com "a" análise, "as Cortes devem fazer um julgamento da proporção... Os testes de desempenho obviamente não podem detectar o poder que ainda não foi obtido e portanto não podem ajudar os esforços antitruste a controlar a conduta que leva ao poder de mercado... O poder de mercado e seus determinantes são todos eles questões de proporção... Mas as decisões devem ser tomadas, mesmo quando os dados disponíveis forem inconclusivos".[10]

Por que tais decisões devem ser tomadas? Por que deveríamos condenar a conduta, quando tudo o que temos são dados inconclusivos? Em seu livro *The Antitrust Paradox* (O Paradoxo Antitruste), Robert Bork descreveu como alguns membros da comunidade antitruste respondem a esta pergunta:

> Em uma reunião da Seção Antitruste da Ordem dos Advogados Norte-Americana, diversas centenas de advogados ouviram um advogado importante nacionalmente, que subsequentemente tornou-se um Ministro da Suprema Corte, afirmar que era inútil preocupar-se com os problemas intelectuais do antitruste. O antitruste, disse o advogado, está na boa e velha tradição norte-americana do xerife em uma cidade da fronteira: ele não verificou evidências, fez o reconhecimento dos suspeitos e solucionou crimes, simplesmente andou pela rua principal e de vez em quando bateu com a pistola em algumas pessoas.[11]

9 Phillip Areeda e Herbert Hovenkamp, *Antitrust Law,* para. 802c (1996), citado na Seção ABA da Lei Antitruste, *Market Power Handbook*, Chicago: ABA Publishing, 2005, p. 7.

10 Areeda e Kaplow, *Antitrust Analysis,* p. 553, 559, 561, 572.

11 Robert H. Bork, *The Antitrust Paradox*, New York: Basic Books, 1978, p. 6.

Os adeptos do antitruste sentem uma necessidade de fazer algo, mesmo não tendo certeza de que isso realizará alguma coisa. Como Thurman Arnold disse, "a cruzada não foi de ordem prática".[12] Mesmo que as tentativas de lidar com o poder de mercado não tenham realizado mais do que fez o "caça ao truste" de Theodore Roosevelt, a tentativa possui um valor moral e cerimonial.

Como alguém provaria a existência do poder de mercado? Ninguém pode prová-la, mas a comunidade antitruste supõe a sua existência a partir da participação de mercado. "Embora as participações de mercado e as estatísticas relativas à concentração não sejam representantes perfeitas do poder de mercado, elas se tornaram, nos tribunais e perante as agências, um substituto para a avaliação do poder de mercado e do provável desempenho de um mercado."[13] Os esforços da Escola de Chicago de tornar a lei antitruste um ramo da economia aplicada resultaram na retenção da concentração como um elemento central do antitruste.

## "Mercado" É uma Metáfora; Ele Pode Apenas Ser Presumido e não Pode Ser Comprovado

Para comprovar a existência de poder de mercado, um mercado deve primeiramente ser definido. A bíblia antitruste publicada pela ABA nos diz:

> A definição de um mercado relevante é importante na maioria dos casos antitruste e geralmente é a questão cen-

12 Thurman Arnold, *The Folklore of Capitalism*, New Haven, CT: Yale University Press, 1937, p. 211.

13 ABA, *Market Power Handbook*, p. 100.

tral do campo de batalha. Embora os tribunais tenham identificado as metodologias básicas e os fatores a serem considerados na definição de mercado, aplicar esses princípios em casos específicos geralmente prova-se difícil e complexo.[14]

As Diretrizes da Fusão Horizontal do governo definem um mercado "como produto ou grupo de produtos e uma área geográfica em que ele é produzido ou vendido, de tal maneira que uma empresa hipotética com maximização de lucros, não sujeita à regulação de preços, que seria a única produtora ou vendedora atual ou futura desses produtos naquela área, provavelmente imporia ao menos um aumento de preço 'pequeno, mas significativo e não-transitório', presumindo que as condições de venda de todos os demais produtos sejam mantidas constantes".[15] As Diretrizes também contêm a afirmação: "Na tentativa de determinar objetivamente o efeito de um aumento de preços 'pequeno, mas significativo e não-transitório', a Agência, na maioria dos contextos, usará um aumento de preço de 5% que perdure no futuro previsível".[16]

As determinações de mercado e do poder de mercado são feitas por um processo auto-hipnótico de raciocínio circular. O mercado é somente uma metáfora, não uma descrição da realidade. Não existe um mercado real. Isso foi explicado por Frederick Rowe:

> Fundamentalmente, o mercado é uma metáfora, não uma realidade, uma "fotografia mental em nossas cabeças".

14 ABA, *Antitrust Law Developments*, p. 525.
15 Ibid., p.1483-84
16 Ibid., p. 1486.

> Embora muitas definições, todas circulares, afirmem os atributos do que *é* o mercado, um mercado é um mercado, é um mercado – não existe *lá*, ali. Assim como o conceito de contrato encontrado na lei, o conceito econômico de mercado não produz nenhuma resposta para ninguém, exceto os livros didáticos de casos da Série *Blackletter*. Mas, diferentemente do contrato, que foi objetificado pelos precedentes jurisprudenciais, pelo brilho histórico e a interpretação caso a caso, o mercado não possui nenhum conteúdo objetivo fora de si mesmo. Sem referentes empíricos, a identificação *do* mercado é forçosamente arbitrária, uma fachada para decisões produzidas em outro lugar. Inevitavelmente, *o* mercado implica uma mistura de intuição, discernimento e escolha, relativa para cada caso e toda pergunta em questão. (As normas derivadas do "poder de mercado" então crescem ilusórias ou disparatadas, pois tal poder existe em todos os lugares e em lugar nenhum e torna-se significativo somente como uma variável de tempo e grau para qualquer caso dado)... O próprio mercado não pode ser a premissa profética, a constante analítica para inferir possibilidades negativas ou positivas de eventos empresariais específicos em qualquer caso real. (...) A dificuldade não está nos modelos econômicos como modelos, mas no seu uso impróprio como normas jurídicas.[17]

A definição de mercado das Diretrizes exige a suposição de que, enquanto o aumento de preços hipotético no qual a definição de mercado deve ser baseada continua (um aumento de 5% para o futuro previsível), "as condições de venda de todos os demais produtos são mantidas constantes". A tentativa

17 Frederick M. Rowe, "'The Decline of Antitrust and the Delusions of Models", *Georgetown Law Journal* 72 (1984): 1511, 1563, 1564, 1565.

é realizar uma análise estática de um mundo dinâmico, fazendo uma suposição sobre um futuro desconhecido, e essa suposição está mais do que provavelmente errada. A única coisa que sabemos a respeito do futuro é que as coisas não ficam paradas. A definição de mercado é baseada em uma suposição que poderia ser verdadeira somente em um mundo de sonhos, não no mundo real.

Para lidar com esse problema, a comunidade antitruste empregou o conceito de "barreiras à entrada", outra metáfora necessária para dar uma plausibilidade de fachada à metáfora de mercado. Supostamente, porque as barreiras à entrada e os hipotéticos preços mais altos não atraem outros vendedores:

> A existência ou ausência de barreiras à entrada é uma característica crucial do mercado, que é inevitavelmente considerada de uma forma ou de outra em todo mercado e análise de poder de mercado. Tanto os tribunais quanto a literatura econômica reconhecem que um monopolista ou grupo conivente não conseguirá aumentar os preços acima do nível competitivo por longos períodos de tempo, onde a entrada em um mercado relevante é facilmente realizada.[18]

Isso põe a doutrina em ordem, mas leva simplesmente a maiores dificuldades na imposição dos conceitos aos fatos no mundo real. De acordo com o *Market Power Handbook* (Manual do Poder de Mercado), "permanece uma discordância significativa entre a definição de barreiras à entrada e o melhor método de avaliar a facilidade ou dificuldade com que um novo concorrente conseguirá entrar em um mercado".[19]

18 ABA, *Market Power Handbook*, p. 119-21.

19 Ibid., p. 121.

Se é possível exercer o poder de mercado, por que existem barreiras à entrada, quando as barreiras foram levantadas e por quem? Elas existiam antes do poder de mercado ser obtido? Uma dupla de economistas conclui: "Não há um consenso geral sobre o que precisamente constitui uma barreira à entrada".[20] Pode ser que as únicas barreiras efetivas à entrada sejam aquelas mantidas pelo governo por meio de legislação especial ou patentes.[21]

## Poder de Mercado – Imaginado ou Inverificável

"Poder" de mercado é o poder imaginado que um vendedor poderia ter se um futuro presumido, em que todas as outras coisas permanecessem inalteradas e não pudessem ser verificadas, pudesse acontecer. O governo força os cidadãos a pagar impostos. Esse é um poder real. As empresas comerciais não podem forçar os cidadãos a pagar por nada. O poder não pode ser alcançado por meio de um alto volume de vendas. Não há um direito de venda. Ninguém pode ser forçado a comprar. Os adeptos ao antitruste extraem – a partir de suposições circulares – um poder milagroso de alguns vendedores de forçar a venda aos compradores. A definição de mercado depende de um poder presumido, e esse poder, por sua vez, depende da definição de mercado. Ambos dependem de suposições a respeito de um futuro que ninguém pode conhecer. A aplicação do termo "poder de mercado" a uma relação consensual entre comprador e vendedor confunde o pensamento a respeito do assunto. O

20 Daskin e Wu, "Observations on Multiple Dimensions", 53, 57 n. 7.

21 Robert A. Levy, *Shakedown*, Washington: Cato Institute, 2004, p. 200-01.

único poder real que um vendedor possui provém da satisfação dos compradores. Não havendo coerção do governo, é somente o comprador, e não o vendedor, que possui algum poder.

A comunidade antitruste deve usar os termos disponíveis para obter resultados, considerando-se as doutrinas antitruste existentes. Todo vendedor possui um monopólio em um momento e local específico, mas tudo compete com todo o resto pelos dólares do comprador. A comunidade antitruste tenta reconciliar estes dois truísmos com a necessidade de dar algum sentido aos termos "monopolização" e "concorrência". Hoje, a "análise de mercado" é a única ferramenta disponível. A comunidade antitruste está amarrada a essa ferramenta, dadas as doutrinas antitruste existentes. Os advogados simplesmente aplicam essas doutrinas e não se pode esperar que eles ofereçam assistência no desenvolvimento de políticas públicas inteligentes.

A crença no poder de mercado é crucial para a comunidade antitruste. Se não existe tal coisa como poder de mercado, não há um propósito para o antitruste. Onde estaria o Credo do apóstolo no parto virginal de Maria? A crença no efeito de um placebo, assim como a crença no poder da oração, pode fazer algum bem e não faz mal nenhum aos não-adeptos. Fazendo uma comparação, a crença no poder de mercado carrega um potencial de discórdia e não oferece uma base racional para regras normativas.

Quando um juiz ou um júri constata que um réu possui poder de mercado, isso pode levar a uma conclusão de monopolização ilegal, com perdas e danos triplos e à dissolução do réu a seguir. Quando um funcionário do governo conclui que uma fusão poderá levar à criação de um poder de mercado substancial, a fusão deve ser evitada. No mundo de sonhos do antitruste, enquanto o volume de vendas sobe até o ponto em que uma participação de mercado específica é alcançada, como um passe de mágica os vendedores passam a obter poder de mercado. Agora eles podem aumentar os preços acima do nível "competitivo", reduzir a produção e lucrar com o monopólio. Mas o sucesso é arriscado. Se a participação de mercado for um substituto para o poder de mercado, em algum momento a regra para o empreendedor ousadamente criativo e produtivo passa a ser: refrear o volume de vendas e evitar melhorias no preço, qualidade e serviço ou enfrentar uma ação penal antitruste. A exigibilidade das leis antitruste é baseada nessa teoria. É necessário um especialista para acreditar nela.

## O Rótulo "Poder de Mercado" - Um Disfarce para Decisões Subjetivas

O rótulo "poder de mercado" é usado para oferecer uma fachada para decisões subjetivas quanto ao que o tomador de decisão sente que é justo. Se um determinado réu possui ou não uma quantidade aceitável de poder de mercado – se esse réu violou ou não a lei – é uma questão de discernimento. Em que se baseia o discernimento? A teoria econômica não oferece nenhuma "linha clara" para orientar a decisão. Nem os fatos. A identificação do mercado é arbitrária, "uma fachada para decisões produzidas em outro lugar".[22] Como Rowe escreveu, a definição de mercado "implica uma mistura de intuição, discernimento e escolha, relativa para cada caso e para toda pergunta em questão".[23] O discer-

22 Rowe, "The Decline of Antitrust", p. 1511, 1564.

23 Ibid.

nimento ou escolha são feitos para verificar se o réu tem, teve ou poderá ter um poder de mercado substancial. O juiz ou júri considerou que o réu tinha poder de mercado substancial porque o réu realmente possuía tal poder, ou o poder existiu somente porque o juiz ou júri constatou que ele o possuía?

As doutrinas antitruste de análise de mercado conferem aos tomadores de decisão antitruste o poder de tomar decisões arbitrárias baseadas em palpite ou capricho, disfarçado em razão. Aqueles que entendem o que estão fazendo podem promover os seus próprios objetivos pessoais ou políticos, inclusive o desejo de equidade e justiça social. Aqueles que não entendem o que estão fazendo estão simplesmente agindo ao acaso, ou em qualquer direção que possam ser levados por defensores eficientes. Conforme um presidente da seção da ABA da lei antitruste escreveu:

> Todo caso antitruste agora envolve uma batalha de especialistas econômicos e é muito difícil para os juízes e júris que não foram treinados na economia antitruste avaliar efetivamente a apresentação dos especialistas econômicos e, portanto, os especialistas em geral simplesmente eliminam uns aos outros do caso.[24]

Alguns tomadores de decisão podem entender o que estão fazendo. Outros não. Em ambos os casos, eles não estão fazendo o que deveriam fazer no nosso sistema – aplicar regras escritas anunciadas a fatos comprovados para decidir se uma lei foi ou não violada.

24 Donald C. Klawiter, "From the Section Chair", *Antitrust* 20 (Outono de 2005): 4.

# 5. Monopolização

A meta principal do antitruste é proteger o público contra a monopolização pelo "truste". A comunidade antitruste não conseguiu desenvolver uma descrição específica do principal vilão do antitruste – o truste. O Sherman Act, a lei *anti*truste original, o declarou um crime federal, punível com multa e detenção, a "proibição do comércio" e "monopólio" de qualquer parte da troca ou comércio entre diversos estados ou com nações estrangeiras. Essas foram atividades que o truste da Standard Oil ou outros trustes supostamente fizeram. Acreditava-se que os trustes monopolizaram parte do comércio. As proibições do Clayton Act – tais como aquelas contra a discriminação de preços, vinculação e fusões – não são criminosas. Elas foram adotadas mais tarde para evitar práticas que aparentemente poderiam levar à monopolização.

Conforme vários autores observaram, a comunidade antitruste favorece a concorrência, mas é desprovida de um consenso sobre como defini-la. Os professores de direito Daniel Gifford e Leo Raskind escreveram o seguinte:

> O Sherman Act foi promulgado como resposta às expressões políticas dominantes da época – "trustes" e "monopólios". Conforme atesta a história legislativa do Sherman Act, os debates do Congresso que levaram à sua promul-

gação não ofereciam uma instrução clara para a interpretação do estatuto conforme promulgado.[1]

De acordo com os professores de direito Eleanor Fox e Lawrence Sullivan, quando o Sherman Act foi promulgado, o público via os trustes como um "mal intolerável".[2] O Congresso agiu para combater esse mal "apesar das dúvidas a respeito do que o estatuto precisamente significava ou iria realizar".[3] A ação foi semelhante à forma como os políticos de hoje respondem à insatisfação do público com os preços da gasolina, por meio de propostas para fazer algo a respeito dos "preços abusivos", sem conseguir defini-los. Em 1890 a insatisfação do público com os trustes parecia exigir que algo fosse feito em relação à monopolização, embora o termo não tenha sido definido – apesar de os preços da indústria petrolífera estarem caindo naquela época. As dúvidas quanto ao que o estatuto significava ou iria realizar não eram obstáculo para a ação do Congresso.

A comunidade antitruste tem lutado desde então para dar sentido à proibição estatutária de monopolização. É impossível construir uma base factual para o termo. Assim como o poder de mercado (e ao contrário de, digamos, roubo), resta somente um conceito proibido do mal, sem referência factual. Ninguém desenvolveu uma formulação que possa distinguir esforços competitivos legítimos dos ilegítimos por uma única

1 Daniel J. Gifford e Leo J. Raskind, *Federal Antitrust Law Cases and Materials*, 2d ed., Cincinnati, OH: Anderson Publishing Co., 2002, p. 5.

2 Eleanor M. Fox e Lawrence A. Sullivan, *Cases and Materials on Antitrust*, St.Paul, MN: West Publishing Co., 1989, p. 33, citando William H. Taft, *The Anti-Trust Act and the Supreme Court* 2 (1914).

3 Fox e Sullivan, *Cases and Materials on Antitrust*, p. 36.

empresa que esteja agindo sozinha. A empresa está competindo com sucesso, o que é considerado desejável, ou ela está monopolizando, o que é condenado pelo estatuto? Não há uma maneira de saber a diferença com base em fatos averiguáveis.

Em 2006 o Ministério da Justiça e a Comissão Federal do Comércio realizaram uma série de audiências públicas conjuntas para examinar "se e quando os tipos específicos de conduta de uma única empresa" podem violar o Sherman Act, "prejudicando a concorrência e o bem-estar do consumidor, bem como quando eles são pró-competitivos ou benignos".[4] Na audiência inicial, o presidente da FTC indicou que o problema de como definir a monopolização ilegal "ainda atormenta" e anunciou uma nova meta antitruste – a "concorrência não distorcida".[5] O conceito de concorrência "distorcida" pode ajudar a captar o conceito ardiloso de monopolização.

A crença no antitruste começa com a lenda da Standard Oil. Os adeptos do antitruste são contra o que se acredita que o truste da Standard Oil fez. O antitruste é *ànti* o truste da Standard Oil. Por quê? No final do século 19 os empresários norte-americanos tentaram consolidar as corporações sob um dispositivo jurídico conhecido como "truste". Eles transferiram valores mobiliários a agentes fiduciários, que então possuíam autoridade para administrar a nova entidade como uma corporação unificada. A Standard Oil formou o primeiro truste em

4 "FTC, DOJ Announce Upcoming Forum on Implications of Single-Firm Conduct", *Antitrust and Trade Regulation Report* 90, 9 de junho de 2006, p. 653.

5 Deborah Platt Majoras citou em "FTC and DOJ Open Hearings on Implications of Single-Firm Conduct", *Antitrust and Trade Regulation Report* 90, 23 de junho de 2006, p. 712-13.

1882 e, dentro de uma década, outras indústrias fizeram o mesmo.[6] Em 1911 a Suprema Corte considerou que a Standard Oil Company de Nova Jersey era um monopólio ilegal, proibido pelo Sherman Act, porque a Standard tinha "poder e controle unificados sobre o petróleo e os seus produtos".[7] A Corte dissolveu o truste maligno em dezenas de empresas geograficamente dispersas. A lenda da Standard Oil estava instituída.

Os professores de direito antitruste preservam a lenda. Phillip Areeda e Louis Kaplow aceitam como "fatos claros" que a Standard "havia alcançado o domínio indubitável da produção e distribuição de petróleo nacional por meio de diversas fusões, algumas das quais foram *forçadas*, e de táticas opressoras contra os concorrentes, inclusive a *coação* dos fornecedores e clientes dos concorrentes".[8] Fox e Sullivan contam aos seus alunos como esse "domínio" era exercido:

> O enorme poder de compra daquele truste foi usado para *forçar* as estradas de ferro a dar ao truste tarifas baixas enquanto cobrava tarifas altas dos seus concorrentes. Como vendedora, a Oil Trust cobrava altos preços dos clientes em áreas de monopólio, enquanto adotava cortes de preços locais destinados a *forçar os* concorrentes obstinados a vender tudo para o truste ou então serem destruídos.[9]

6 Tony Freyer, *Regulating Big Business*, Cambridge: Cambridge University Press, 1992, p. 37.

7 *Standard Oil Company* v. *United States*, 221 U.S. 1 (1911).

8 Phillip Areeda e Louis Kaplow, *Antitrust Analysis*, 5th ed., New York: Aspen Law & Business, 1997, p. 449 (grifo do autor).

9 Fox and Sullivan, *Cases and Materials on Antitrust*, p. 208 (ênfase adicionada).

Fox e Sullivan sugerem que "as estradas de ferro, que dependiam do negócio da Standard Oil, temiam ofendê-la".[10] A lenda da Standard Oil é o ponto de partida para a crença no antitruste, aproximadamente da mesma maneira que a crença no parto virginal de Maria apoia o Credo do Apóstolo. Sem uma aceitação da lenda da Standard Oil, a coleção de medos, suposições e prognósticos que constitui a religião antitruste não teria nada em que se basear. Se a lenda mostrasse não ter uma base factual, o Sherman Act poderia ser dirigido a algo que nunca existiu. A ação jurídica para aplicar o estatuto pode estar correndo atrás de um fantasma. Essa poderia ser a razão pela qual é tão difícil definir a monopolização – ela nunca aconteceu. O antitruste pode ser, conforme o professor D. T. Armentano afirmou, uma "farsa".[11]

Nem todo mundo concorda com Areeda e Kaplow de que "fatos claros" mostram que a Standard Oil alcançou o "domínio" da produção doméstica de petróleo por meio de fusões "coagidas" e "táticas opressoras" contra os concorrentes. Pode ser que muitas empresas estivessem ávidas para ser compradas pela Standard.[12] Além disso, no auge do suposto domínio do setor pela Standard, "os custos e preços do óleo refinado atingiram os seus níveis mais baixos na história da indústria petrolífera".[13] De acordo com o professor Thomas DiLorenzo, "nunca houve nenhuma evidência de que os trustes e as 'combinações' do fi-

10 Ibid., p. 84.

11 D. T. Armentano, *The Myths of Antitrust*, New York: Arlington House, 1972, p. 279.

12 John S. McGee, "Predatory Price Cutting: The Standard Oil (N.J.) Case", *Journal of Law and Economics* 1 (Outubro de 1958): 144-48, citado em Armentano, *Myths of Antitrust*, p. 69.

13 Armentano, *Myths of Antitrust*, p. 77.

nal do século 19 realmente prejudicaram os consumidores da maneira que os monopólios têm a pretensão de prejudicar os consumidores – conspirando para restringir a produção e aumentar os preços".[14] Robert Crandall e Clifford Winston, da Brookings Institution, concluíram que o decreto que dissolveu a Standard Oil teve "pouco efeito" e observam que os preços reais do petróleo bruto estavam caindo antes da Standard Oil ter sido levada a julgamento e subiram após a dissolução. Eles ressaltam que a participação de mercado da Standard Oil na capacidade de refinaria nos Estados Unidos havia caído antes do decreto, de 82% em 1899 para 64% em 1911.[15] O professor Simon Whitney concluiu que "a queda de participação da Standard Oil no refino mesmo antes de 1911, bem como um declínio contínuo de empresas sucessoras como um grupo, indica que o decreto meramente corroborou as tendências atuais".[16]

Armentano escreveu que a Standard Oil foi mais eficaz:

> [A lenda] não tem quase nada em comum com os fatos reais... A eficiência da Standard Oil fez a empresa ser extremamente bem-sucedida: ela manteve seus custos baixos e conseguiu vender cada vez mais do seu produto refinado, geralmente a um preço cada vez mais baixo, no mercado aberto... Em 1911 pelo menos 147 empresas de refino estavam competindo com a Standard, inclusive grandes empresas, tais como a Gulf, Texaco, Union, Pure, Associated

14 Thomas J. DiLorenzo, *How Capitalism Saved America*, New York: Crown Forum, 2004, p. 135.

15 Robert W. Crandall e Clifford Winston, "Does Antitrust Policy Improve Consumer Welfare? Assessing the Evidence", *Journal of Economic Perspectives* 17 (2003): 3, 7, 8.

16 Simon N. Whitney, *Antitrust Policies*, New York: Twentieth Century Fund, 1958, p. 182.

> Oil and Gas e a Shell... a Standard Oil... manteve a sua posição de mercado na área do petróleo principalmente pela eficiência interna e a fusão, não por práticas predatórias sistemáticas.[17]

O professor John McGee examinou as milhares de páginas do registro do julgamento no caso da Standard Oil e concluiu que o registro mostra que a "Standard Oil não usou a discriminação predatória de preços para expulsar as refinadoras concorrentes, nem a sua prática de política de preços teve esse efeito".[18]

Qualquer que seja a verdade no registro histórico, pode-se perguntar como o truste podia "coagir" os compradores a comprar e os vendedores a vender sem a ajuda do governo. Qual era a base para o suposto "domínio" da produção e distribuição nacional do petróleo? Qual era a fonte do "poder e controle" da Standard sobre o petróleo? Como é que uma transportadora de mercadorias faz as estradas de ferro "ficarem com medo de ofendê-la"? O "poder" da Standard de "forçar" os outros a se envolverem em transações comerciais de compra e venda foi obtido sob a mira de um revólver ou tacos de beisebol? Se fosse assim, o truste poderia ter sido processado por roubo. Não teria havido necessidade alguma da adoção de uma lei antitruste.

A comunidade antitruste reconhece que é difícil colocar em palavras o conceito de monopolização e é difícil determinar uma regra normativa sobre apenas o que é proibido, declarando que a monopolização é crime. Os adeptos do antitruste acham

17 D. T. Armentano, *Antitrust Policy*, Washington: Cato Institute, 1986, p. 24, 25, 43.

18 McGee, "Predatory Price Cutting: The Standard Oil (N.J.) Case", 137, 168, citado em Robert H. Bork, *The Antitrust Paradox*, New York: Basic Books, 1978, p. 39.

que a dificuldade está em identificar e descrever o monopolista malvado como uma questão de distinguir entre um truste bom e um truste ruim. As audiências são realizadas para discutir o problema, porém a comunidade não pode aceitar a conclusão de que a dificuldade de definir a monopolização pode advir da possibilidade de que, sem o apoio do governo, ninguém pode monopolizar qualquer parte da troca ou comércio por um tempo suficiente a ponto de que precisemos de uma lei contra ela. Sem uma crença na monopolização não haveria a necessidade de uma lei para impedi-la e nenhuma necessidade de uma lei para evitar práticas comerciais que possam conduzir a ela.

Para ter uma melhor compreensão, vamos comparar o crime de monopolização com o crime de roubo. O crime de roubo possui uma definição clara baseada em fatos que podem ser provados. Ele é definido como "tomar, com intenção de furtar, um bem pessoal de outra pessoa, com ou sem sua presença, sem o seu consentimento ou contra a sua vontade, por meio de violência ou intimidação".[19] Cada um dos elementos do crime de roubo possui uma âncora no mundo real. Tais conceitos como "tomar" e "por meio de violência" possuem um significado real.

O crime de monopolização não pode ser definido da mesma maneira que o roubo. Os supostos elementos da monopolização não possuem nenhuma âncora no mundo real. Eles somente podem ser imaginados. A seção da lei antitruste da Ordem dos Advogados Norte-Americana refere-se, para uma definição de monopolização, ao caso *Grinnell*,[20] em que a Su-

19 Justin Miller, *Handbook on Criminal Law*, St. Paul, MN: West Publishing Co., 1934, p. 391.

20 *United States* v. *Grinnell Corp.*, 384 U.S. 563 (1966).

prema Corte identificou o que ela aludiu como "os elementos do crime":

> O crime do monopólio, sob a seção 2 do Sherman Act, possui dois elementos: (1) a posse do poder do monopólio no mercado relevante e (2) a aquisição intencional ou manutenção desse poder em oposição ao crescimento ou desenvolvimento como consequência de um produto superior, visão comercial ou acidente histórico.[21]

Ao contrário de uma declaração dos elementos do crime de roubo, essa declaração feita pela Suprema Corte é inútil como uma regra normativa prática destinada a orientar e julgar a conduta. A declaração é simplesmente uma verbalização da doutrina. O ato de tirar à força pode ser observado por testemunhas que podem ser inquiridas sob juramento. A posse do poder de monopólio não pode ser observada por ninguém. Ou se acredita nela ou não. A prova da existência do poder de monopólio depende de suposições e prognósticos que não podem ser verificados. Não há testemunhas que possam ser interrogadas, somente especialistas teóricos podem oferecer opiniões que, "em geral, simplesmente eliminam umas às outras".[22]

Mesmo de maneira doutrinária, a declaração da Suprema Corte, que recorreu à comunidade antitruste para obter uma definição de monopolização, deixa a tensão entre os valores concorrentes não resolvida. Conforme Fox escreveu:

> O significado de "monopolizar" tem sido um dos quebra-cabeças da lei antitruste norte-americana durante todo o

21 *Grinnell Corp.*, 384 U.S. 563, 570-71.

22 Donald C. Klawiter, "From the Section Chair", *Antitrust* 20 (Outono de 2005): 4.

> século da sua existência. O desafio é formular uma regra ou padrão de responsabilidade que sabiamente leve em conta a tensão entre oferecer incentivos para ser o melhor e evitar a criação injustificada e abusos do poder do monopólio. O equilíbrio deslocou-se com o passar do tempo.[23]

Sem as suposições inerentes nos conceitos de "o mercado" e "poder de mercado", não há tensão alguma que precise de equilíbrio. Sem as suposições da análise estática aplicada a um mundo dinâmico, não há nenhuma definição de "o" mercado e nenhum "poder de mercado". O problema em definir a monopolização está no conceito, ou seja, na impossibilidade de encorajar os vencedores e proteger os perdedores ao mesmo tempo. A convicção sobre o antitruste permite a crença em um tipo de concorrência em que alguns vencem, mas ninguém perde. Os adeptos do antitruste, como Fox, estão tentando reconciliar a concorrência com a justiça social. Eles têm um sonho.

A definição de monopolização da Suprema Corte usa o termo "poder de monopólio". Há alguma diferença entre poder de mercado e poder de monopólio? O *Market Power Handbook* da ABA responde o seguinte:

> Alguns acadêmicos diferenciaram os dois termos. Esses acadêmicos salientam que as empresas podem ter quantidades triviais de poder de mercado, talvez porque a empresa tenha vantagens transitórias que serão perdidas em meio à concorrência, à medida que as outras empresas vão inovando. Esse poder de mercado não deveria despertar preocupações antitruste. Em contrapartida, pode-se dizer que as empresas com uma quantidade substancial de po-

23 Eleanor M. Fox, "Is There Life in *Aspen* after *Trinko?*", *Antitrust Law Journal* 73 (2005): 153.

> der de mercado possuem poder de monopólio ou "poder de monopólio antitruste", o que realmente desperta preocupações antitruste... Muitos economistas diferenciariam o poder de monopólio antitruste como uma circunstância em que uma empresa (ou grupo de empresas) possui um poder de mercado substancial. A presença de um poder de mercado substancial é refletida na capacidade da empresa (ou grupo de empresas) de aumentar um preço significativamente acima dos níveis competitivos por um período de tempo prolongado; a empresa (ou grupo de empresas) é isolada da concorrência no longo prazo, por barreiras significativas à entrada, em contraste com diferenças menores nos atributos do produto.[24]

Em outras palavras, sem as barreiras à entrada o poder de mercado não é igual ao poder de monopólio. As empresas podem ter quantidades "triviais" de poder de mercado que serão perdidas em meio à concorrência, mas tal poder de mercado não desperta "preocupações antitruste". Somente o poder de mercado substancial possibilitado por barreiras significativas à entrada desperta tais preocupações. Quais são as barreiras significativas à entrada? Mais uma vez, o estudante do antitruste defronta-se com um conceito econômico, como mercado e poder de mercado, definido por resultado e baseado em suposição, não em fatos averiguáveis.

O *Market Power Handbook* da ABA conclui seu capítulo relativo a barreiras à entrada com o seguinte:

> A probabilidade de entrada é uma investigação baseada em fatos que, assim como o poder de mercado e relevante

24 Seção da ABA relativa ao antritruste, *Market Power Handbook*, Chicago: ABA Publishing, 2005, p. 3, 5.

> análise de mercado, exige uma avaliação abrangente das características estruturais e comportamentais do mercado e das empresas em questão. Não existe um teste único para saber se a entrada será ou não possível, oportuna ou bem-sucedida. Em vez disso, a análise deve considerar uma ampla gama de evidências.[25]

Uma vez levantadas as preocupações antitruste, não está necessariamente implícito que tenha ocorrido uma conduta ilegal, somente que deveria começar o processo de apuração de fatos da análise antitruste. É necessária uma avaliação abrangente. Nenhum teste único está disponível. Tudo é relevante e nada é determinante. "A análise" inclui não somente fatos, mas também suposições e prognósticos que não podem ser verificados. Se o tomador de decisão estiver assim inclinado, o rótulo "anticompetitivo" é aplicado e a conduta é declarada ilegal. Não há regra normativa pela qual se orienta ou se julga a conduta. Os resultados não dependem tanto de quais fatos, mas de como eles são caracterizados por defensores e teóricos habilidosos. Chega-se a uma decisão quanto a se aconteceu algo que deveria ou não ser desaprovado – se o réu é ou não um malfeitor e se a vítima foi ou não tratada injustamente. Se for assim, o réu é acusado de agir não competitivamente, mas *anti*competitivamente. Então, o rótulo conclusivo é aplicado e a conduta considerada ilegal. Não há regra alguma que possa ser declarada antecipadamente para orientar e avaliar a conduta. A conduta é avaliada primeiro e depois uma decisão judicial é tomada. A conduta não é desaprovada porque ela viola uma regra. A regra não pode ser declarada até que a conduta tenha sido

25 Ibid., p. 139.

exaustivamente examinada e desaprovada com base em suposições e prognósticos.

O processo antitruste de decidir se está monopolizando ilegalmente, em vez de estar simplesmente competindo, foi discutido como uma questão de escolha de padrões. Steven Salop, professor de direito e economia na Universidade de Georgetown, reconhecendo que há "grande agitação intelectual a respeito do padrão de responsabilidade antitruste adequado que rege uma conduta supostamente exclusionária", encontra "dois principais padrões de responsabilidade concorrentes".[26] Ele prefere um ao outro e diz que fazer dele "o" padrão iria "unificar a lei antitruste e fazer a doutrina ficar mais coerente".[27] O proeminente advogado antitruste Mark Popofsky, aparentemente despreocupado a respeito da união ou coerência, identifica cinco diferentes definições propostas de conduta exclusionária. Ele diz que a busca de um teste unitário deveria ser abandonada, que os tribunais devem aplicar testes jurídicos "diferentes" e "selecionar entre regras", dependendo do caso.[28] O professor de direito Andrew Gavil diz o seguinte a respeito das tentativas da comunidade antitruste de definir monopolização:

> Como uma comunidade antitruste, há muito tempo estamos com opiniões divididas em relação ao monopólio. Por um lado, os males do monopólio são largamente reconhecidos: produção restrita, preços mais altos, talvez in-

26 Steven C. Salop, "Exclusionary Conduct, Effect on Consumers, and the Flawed Profit-Sacrifice Standard", *Antitrust Law Journal* 73 (2006): 311-12.

27 Ibid., p. 311, 374.

28 Mark S. Popofsky, "Defining Exclusionary Conduct", *Antitrust Law Journal* 73 (2006): 435, 481.

> centivos menores para buscar medidas de redução de custos e inovação, bem como maiores incentivos para buscar estratégias *rentseeking* (receita de favorecimento político), assim como acontece com a predação... Contudo, estamos também cientes dos potenciais perigos de condenar muito cedo as ações dos monopolistas, por medo de que os padrões jurídicos corroerão o próprio incentivo que os levou a competir acirradamente e ter êxito em primeiro lugar... A identificação de regras jurídicas eficientes que resolvem a tensão óbvia entre esses dois valores concorrentes provou ser uma meta ilusória.[29]

Gavil conclui que a meta de declarar uma regra jurídica eficiente deveria ser abandonada porque "um padrão unitário e inflexível irá necessariamente desencorajar pouco ou demais".[30] Em vez de adotar a recomendação de Popofsky, de deixar que os juízes escolham uma regra compatível com o caso, Gavil sugere que se deve pedir às "empresas dominantes" "que sigam um código mais elevado de responsabilidade".[31] Ele não diz onde esse código pode ser encontrado. Talvez na Regra de Ouro. Ele não pode ser encontrado nas disposições escritas do Sherman Act.

O aconselhamento para evitar uma ação penal de monopolização é impossível. Não há uma maneira de saber ou predizer qual a regra ou padrão, se houver, será selecionado para decidir o caso. Como é que o concorrente de sucesso evita levantar preocupações antitruste? Reduzir as vendas para que os concorrentes ineficazes possam sobreviver mais facilmente po-

29 Andrew I. Gavil, "Exclusionary Distribution Strategies by Dominant Firms: Striking a Better Balance", *Antitrust Law Journal* 72 (2004): 3.

30 Ibid., p. 3, 74.

31 Ibid., p. 3, 81.

derá ajudar a evitar uma análise detalhada feita pelo governo. Mas o mal já pode ter sido causado. Um concorrente mal-sucedido poderá processar por perdas e danos triplos. Por um honorário, um economista imaginativo e articulado pode rotular alguma antiga ação competitiva do réu usando um termo sinistro tal como "exclusionário" ou "predatório". Fatos podem ser apresentados com habilidade suficiente de tal forma que o rótulo soe plausível a um júri favorável ao reclamante. Um advogado empreendedor pode inventar uma classe de partes prejudicadas e exigir um pagamento de indenização tão alto que o concorrente bem-sucedido não terá opção, deverá pagar ou enfrentar a falência. Esse não é o estado de direito, mas a regra da roleta.

## Tentativas Mal-sucedidas de Dar Sentido à Proibição da Monopolização Estabelecida por Lei

A história da ação governamental contra a monopolização não oferece nenhum motivo para o otimismo de que uma definição prática de monopolização será encontrada algum dia. Os adeptos do antitruste, lutando para entender a ambiguidade dos estatutos antitruste, procuram uma analogia com o desenvolvimento do direito comum, como se as varas federais pudessem desenvolver uma lei de monopolização da forma que os antigos tribunais ingleses desenvolveram o delito civil e a lei contratual. Os professores E. Thomas Sullivan e Herbert Hovenkamp escrevem que o Sherman Act "foi elaborado para estipular somente princípios gerais para que os tribunais pudessem determinar a legalidade das práticas contestadas em uma base de caso a caso, dentro do contexto dos princípios do direito comum".[32] Areeda e Kaplow afirmam que o Sherman Act "pode ser um pouco mais do que um comando legislativo para que o poder judiciário desenvolva um direito comum do antitruste".[33]

A analogia do direito comum é enganosa e confunde a mente. O Sherman Act é um estatuto promulgado por uma legislatura de poderes limitados, delegados em uma constituição escrita. Os tribunais federais não são tribunais de jurisdição geral como aqueles que desenvolveram o direito comum inglês, herdado pelos nossos tribunais estaduais. Sob a nossa constituição, todas as leis federais são estabelecidas por lei. Não há um direito comum federal. Nem o Congresso, nem os tribunais federais podem criar um direito comum. Se o Sherman Act fosse, conforme sugerem Areeda e Kaplow, somente um comando para desenvolver um direito comum do antitruste, o ato seria uma delegação inconstitucional de poderes legislativos ao judiciário, sem nenhum princípio inteligível para orientar o judiciário a destrinchar as disposições do estatuto.

Uma lei que sujeita o cidadão a uma possível multa ou detenção deveria ser explícita quanto ao que se pode ou não fazer de maneira segura e não deveria deixar muito a critério dos promotores públicos, juízes e júris. A Suprema Corte, entretanto, rejeitou o argumento de que o Sherman Act é deficiente nesse sentido.[34] O tribunal disse que "a lei é cheia de instâncias em que o destino de um homem depende da sua alta avaliação, ou seja, de como o júri o subsequentemente avaliará, uma

32 E. Thomas Sullivan e Herbert Hovenkamp, *Antitrust Law, Policy and Procedure*, 4th ed., Charlottesville, VA: Lexis Law Publishing, 1999, p. 31.

33 Areeda e Kaplow, *Antitrust Analysis*, p. 4.

34 *Nash* v. *United States*, 229 U.S. 373 (1913).

questão de grau", e deu o exemplo de "homicídio, homicídio culposo ou infortúnio" resultante de um acidente de automóvel.[35] Mas essa analogia não se encaixa bem com as determinações do poder de mercado e barreiras à entrada. Talvez seja por isso que os promotores públicos têm sido relutantes em invocar as sanções criminais do Sherman Act. A ABA explica o seguinte:

> As seções 1 e 2 do Sherman Act dão ao governo a autoridade para processar contra violações por indiciamento criminal ou por desacato civil. Embora a linguagem dos estatutos não ofereça critérios para determinar se uma violação específica deveria mais apropriadamente ser tratada criminal ou civilmente, a Divisão Antitruste possui uma política consagrada de pleitear o indiciamento criminal somente quando ela acredita que pode provar uma violação clara e intencional da lei.[36]

## Da Standard Oil passando pela IBM até a Microsoft – O Concorrente Bem-Sucedido é Atacado quando Vence

Os ataques do governo à suposta monopolização são raros, mas há sempre um perigo para os concorrentes bem-sucedidos, especialmente os inovadores, de que os perdedores competitivos pressionarão os funcionários do governo ativistas a fazer alguma coisa. Assistidos por advogados e economistas criativos, os perdedores podem impor ao vencedor pesados ônus finan-

35 *Nash*, 229 U.S. 373, 376.

36 Seção da ABA relativa à Lei Antitruste, *Antitrust Law Developments*, 5th ed., Chicago: ABA Publishing, 2002, p. 729.

ceiros para defender seu sucesso comercial contra ações privadas de perdas e danos triplos, com resultados imprevisíveis.

A ação penal da Standard Oil terminou em vitória para o governo. O réu foi dissolvido, uma vitória simbólica, mas inútil, para o Ministério da Justiça. Em 1915 o ex-presidente Theodore Roosevelt disse a respeito da ação penal da Standard Oil "que não resultou nada de bom para ninguém e diversos cidadãos respeitáveis de poucos recursos foram apreciavelmente prejudicados".[37]

Da mesma forma, a ação penal da IBM foi um fracasso completo. O governo iniciou uma investigação em 1967 e apresentou uma queixa em janeiro de 1969.[38] O julgamento começou em maio de 1975. Os Estados Unidos pediram o arquivamento da ação em janeiro de 1982.[39] O professor de direito John Lopatka descreve o caso:

> Os números impressionam: 700 dias de julgamento durante um período de quase sete anos, precedido por seis anos de procedimento probatório; 87 testemunhas ao vivo; 860 depoimentos de testemunhas (cujo testemunho foi lido em voz alta para uma bancada vazia, um processo que consumiu 70 dias de julgamento); 104.400 páginas de transcrição do julgamento; 17 mil exposições de documentos... O governo estimou que tenha gasto US$ 16,8 milhões, sem incluir os honorários de peritos, processan-

37 Whitney, *Antitrust Policies*, p. 104, citando Paul H. Giddens, *Standard Oil Company* (Indiana), New York: Appleton-Century-Crofts, 1955, p. 131.

38 *United States* v. *IBM Corp.*, Dkt. n. 69-Civ.-200 (S.D.N.Y. queixa apresentada em 17 de janeiro de 1969).

39 *In re IBM Carp.*, 687 F.2d 591, 593 (2d Cir. 1982).

do o caso; o réu estimou que o custo anual total – *anual* – para todas as partes foi entre US$ 50 milhões e US$ 100 milhões, uma estimativa que supostamente não inclui os custos indiretos incalculáveis do litígio. E depois de quinze anos após o início da sua investigação, os Estados Unidos simplesmente abandonaram seu processo contra a IBM, e o Procurador-Geral Adjunto William Baxter concluiu que o governo iria perder, mas temendo que pudesse vencer.[40]

O governo alegou que a IBM havia monopolizado um mercado de computadores digitais de uso geral, tendo atingido vendas de aproximadamente 74% desse mercado. O governo não acusou a IBM de ter adquirido a sua participação de mercado ilegalmente, mas que ela tinha mantido a sua posição por meio de atos anticompetitivos. De acordo com o autor e ex-juiz federal do tribunal de recursos Robert Bork, "não houve uma explicação lógica para o domínio da IBM na indústria de computadores na época, a não ser uma eficiência superior e, à medida que a superioridade relativa da empresa caía, o mercado começou a corroer a posição da IBM".[41]

Uma parte privada, a Telex, também atacou a IBM pelo seu sucesso comercial.[42] No caso *Telex*, a Telex primeiramente alegou que a IBM havia monopolizado e tentado monopolizar os equipamentos de processamento de dados e depois, em uma queixa adicional, acusou-a de monopolização de produtos peri-

40 John E. Lopatka, "*United States* v. *IBM:* A Monument to Arrogance", *Antitrust Law Journal* 68 (2000): 145-46.

41 Robert H. Bork, *The Antitrust Paradox*, rev. ed., New York: The Free Press, 1993, p. 431.

42 *Telex Corp.* v. *IBM Corp.*, 510 F.2d 894 (10th Cir. 1975).

féricos de plugues compatíveis conectados às unidades de processamento central da IBM. Em vez de apenas defender-se, a IBM revidou. Em uma reconvenção, acusou a Telex de concorrência desleal, roubo de segredos comerciais e violação de direitos autorais. Após um exaustivo julgamento, um juiz federal norte-americano concluiu que a IBM deveria pagar à Telex US$ 259,5 milhões, mais US$ 1,2 milhão em custas e honorários advocatícios. Um tribunal de recursos reverteu essa decisão. O tribunal concluiu que a evidência estabelecia que as ações da IBM constituíam uma "prática competitiva válida"[43] e ordenou que a Telex pagasse à IBM pela reconvenção US$ 17 milhões em indenizações compensatórias e US$ 1 milhão em danos punitivos. A Telex entrou com um pedido de revisão pela Suprema Corte, porém mais tarde retirou o pedido depois de um acordo no qual cada parte retirou as suas queixas contra a outra.[44] O caso ilustra bem a dificuldade em distinguir a monopolização ilegal da prática competitiva válida. As partes, provavelmente orientadas pelos mais caros especialistas disponíveis, estavam relutantes em arriscar uma decisão na Suprema Corte quanto a quem é o que. O caso *Telex* torna difícil sustentar que há qualquer estado de direito em relação à monopolização.

O capítulo 1 descreve a sinuosa história processual do caso *Microsoft*.[45] Embora os processos não tenham esclarecido nada, eles mostraram a natureza subjetiva das decisões quanto à monopolização e à ausência de qualquer regra que possa ser descoberta pela qual se orienta e se julga a conduta. Os concorren-

43 *Telex Corp.* 510 F.2d 894, 897.

44 *Brobeck, Phleger, & Harrison* v. *Telex Corp.*, 602 F.2d 866, 867 (9th Cir. 1979).

45 *United States* v. *Microsoft Corp.*, 253 F.3d 34 (D.C. Cir. 2001).

tes perdedores queixaram-se à Comissão Federal de Comércio em relação à conduta da Microsoft. Dois membros da comissão não teriam feito nada a respeito disso. Mas outros dois teriam. Como o quinto membro da comissão recusou-se a participar da decisão, a comissão não fez nada. O Ministério da Justiça prosseguiu com o caso. Depois de vários anos nos tribunais, envolvendo dois juízes federais e três juízes de tribunal distrital e uma tentativa mal-sucedida por outro juiz de tribunal distrital de mediar o caso, um juiz federal considerou que a Microsoft havia monopolizado ilegalmente sistemas operacionais para PC compatíveis com a Intel e ilegalmente tentado monopolizar os navegadores da Internet. Ele concluiu que a empresa deveria ser dissolvida. Um painel consistindo de sete juízes de tribunal distrital, um dos quais havia sido responsável pela Divisão Antitruste no Ministério da Justiça antes de ser nomeado para o tribunal de recursos, reverteu a maioria das decisões do juiz federal e transformou a questão em um caso "vinculado" que foi solucionado extrajudicialmente, em que as partes concordaram com as disposições regulatórias supostamente elaboradas para proteger os concorrentes queixosos. O capítulo 7 discutirá a questão do vínculo.

Em 1.º de junho de 1938 o julgamento começou com uma queixa pelo Ministério da Justiça de que a Aluminum Company of America havia monopolizado ilegalmente o alumínio. O governo insistiu para que a empresa fosse dissolvida. O julgamento durou dois anos e gerou 40 mil páginas de depoimentos. Depois de outros dois anos, um juiz federal arquivou o processo. Dois anos depois, a Suprema Corte anunciou que não podia reunir um quórum de seis ministros para reexaminar o caso, mas submeteu a questão ao Tribunal de Recursos Norte-Americano para a Segunda Circunscrição Judiciária. Os pareceres daquele tribunal,[46] escritos pelo Presidente do Tribunal Learned Hand, foram chamados de "clássicos" e "contribuíram bastante para moldar a lei moderna da monopolização".[47] O parecer é certamente um clássico, mas poderia ser mais precisamente descrito como feito mais para perpetuar a confusão do que moldar a lei. O parecer contém declarações que perduraram, tais como: "Um único produtor pode ser o sobrevivente dentre um grupo de concorrentes ativos, meramente em virtude da sua habilidade superior, visão e indústria"[48] e "O concorrente de sucesso, tendo sido encorajado a competir, não deve ser atacado quando vence".[49] Mas o tribunal então procedeu para fazer exatamente isso. O tribunal concluiu que a Alcoa era um monopólio ilegal e havia monopolizado ilegalmente o mercado de lingotes. A Alcoa argumentou que havia conduzido seus negócios com habilidade, energia e iniciativa e que ela deveria ser elogiada, não desmembrada. O tribunal respondeu:

> Não era inevitável que [a Alcoa] devesse sempre prever aumentos na demanda de lingotes e estar preparada para fornecê-los. Nada a forçou a continuar duplicando e reduplicando a sua capacidade antes dos outros entrarem em campo. Ela insiste que nunca excluiu os concorrentes, mas *não podemos pensar em uma exclusão mais eficaz do que progressivamente abraçar cada nova oportunidade conforme ela vai se abrindo e enfrentar todo recém-chegado com uma nova capacidade já direcionada para uma grande organização, tendo a vantagem da experiência, conexões comerciais e os me-*

46 *United States* v. *Aluminum Co. of America*, 148 F.2d 416 (2d Cir. 1945).

47 Fox e Sullivan, *Cases and Materials on Antitrust*, p. 114.

48 *United States* v. *Aluminum Co. of America*, 148 F.2d 416 (2d Cir.1945).

49 *Aluminum Co. of America*, 148 F2d 416.

> *lhores profissionais.* Somente se interpretarmos "exclusão" como restrita a manobras não honestamente industriais, mas movida unicamente por um desejo de impedir a concorrência, poderá tal curso, incansavelmente perseguido, ser considerado não 'exclusionário'. Então, limitá-lo iria, em nossa opinião, castrar a Lei; ele permitiria somente aquelas consolidações as quais ele foi criado para impedir.[50]

O tribunal condenou a Alcoa por sua eficácia. O tribunal tinha de fazê-lo. Caso contrário, o Sherman Act teria sido castrado. A existência da Alcoa, assim como a da Standard Oil, foi exatamente o que o antitruste deveria evitar. E assim, a lei moderna da monopolização foi modelada.

Os processos antitruste desvirtuam o procedimento jurídico tradicional. O nosso sistema de exigibilidade da lei requer uma regra averiguável pela qual a conduta possa ser mensurada. O sistema presume que podem ser encontrados fatos estabelecendo o não-cumprimento da regra. A constatação dos fatos difere dos enunciados da lei. O juiz afirma a lei ao júri. O júri constata os fatos e aplica a lei aos fatos e segue-se o resultado. Nos casos julgados sem um júri, o juiz constata os fatos.

Chegar à conclusão de que o réu possui poder de monopólio, usou esse poder anticompetitivamente e portanto é um monopólio ilegal não pode ser feito por meio do procedimento jurídico tradicional, sem degradar o sistema. Se o réu mostrou ou não ter tirado algo de valor de outrem à força, é uma questão factual. Se o réu possui ou não poder de monopólio não é. Os conceitos teóricos "jogados" do antitruste misturam ques-

50 *Aluminum Co. of America*, 148 F.2d 416 (ênfase adicionada).

tões de lei e economia com questões de fato. Quando um juiz julga um caso de monopolização sem um júri, o juiz pode emitir a decisão e apoiá-la com um ensaio no qual conglomerados de fatos, premissas, suposições, prognósticos, conjecturas, teorias e conclusões são rotulados de "constatação dos fatos". Em um julgamento com a presença de um júri, o juiz pode usar de artimanhas na maior parte da decisão ao júri por meio de supostas instruções quanto à lei, deixando que o júri faça suposições disfarçadas de constatações dos fatos e solucione o caso sob qualquer base de sua escolha, inclusive o senso pessoal de equidade. Tal decisão é difícil de ser revisada por um tribunal de recursos. Como não existe uma regra normativa prática que defina a monopolização, instruir o júri em tais casos é uma tarefa desafiadora.

A comunidade antitruste sustenta a pretensão de que a lei da monopolização existe, em relação à qual um júri pode ser instruído. Ao mesmo tempo, alguns membros da comunidade insistem que a busca para definir a lei da monopolização deveria ser abandonada. A comunidade, na tentativa de auxiliar o juiz na tarefa de declarar a um júri aquilo que não pode ser declarado, publicou instruções modelo para o júri, apoiadas por notas de rodapé referindo-se a precedentes judiciais.[51] Elas foram publicadas em forma de livro pela Seção da ABA da Lei Antitruste. O prefácio do volume afirma que "a Seção acredita que as instruções enunciam a lei de maneira exata e justa" e que elas "apresentam uma visão única e clara da lei, com base nas decisões da Suprema Corte e do Tribunal de Recursos".[52]

51 Seção da ABA relativa à Lei Antitruste, *Model Jury Instructions in Civil Antitrust Case*, Chicago: ABA Publishing, 20OS.

52 Ibid., p. xv, xvi.

Muitas das instruções sugeridas da ABA são abertas e cheias de abstrações. O concorrente de sucesso não pode estar confiante de que o sucesso será o único critério para uma conclusão de monopolização ilegal. Uma instrução sugerida, a respeito da comprovação do poder de monopólio, inclui o que segue:

> Uma participação de mercado acima de 50% pode ser suficiente para apoiar a dedução de que o réu possui poder de monopólio, mas ao considerar se um réu possui ou não poder de monopólio, também é importante considerar outros aspectos do mercado relevante, tais como as tendências da participação de mercado, a existência de barreiras à entrada, a entrada e saída de outras empresas, bem como o número e tamanho dos concorrentes. Ao lado da participação de mercado do réu, esses fatores deveriam informá-los se o réu possui ou não poder de monopólio. A probabilidade de que uma empresa tenha poder de monopólio é mais forte quanto mais alta for a participação dessa empresa acima de 50%.[53]

Em relação às "barreiras à entrada", a ABA sugere que os júris sejam instruídos da seguinte maneira:

> As barreiras à entrada dificultam a entrada de novos concorrentes no mercado relevante de uma maneira significativa e oportuna. As barreiras à entrada incluem os direitos de propriedade intelectual (tais como patentes ou segredos comerciais), práticas especializadas de marketing e a reputação das empresas que já participam do mercado (ou o reconhecimento da marca dos seus produtos).

53 Ibid., p. C-17.

> Evidências de barreiras baixas ou a ausência de barreiras à entrada podem ser evidências de que o réu não possui poder de monopólio, independentemente da participação de mercado do réu, porque novos concorrentes poderiam entrar facilmente se o réu tentasse aumentar os preços por um período substancial de tempo. Por outro lado, a evidência de altas barreiras à entrada, ao lado de uma alta participação de mercado, pode apoiar uma dedução de que o réu possui poder de monopólio.[54]

No que tange à "conduta anticompetitiva", a ABA sugere que os júris sejam instruídos da seguinte maneira:

> A diferença entre a conduta anticompetitiva e a conduta que possui uma finalidade comercial legítima pode ser difícil de ser determinada... Ao determinar se a conduta do réu foi ou não anticompetitiva ou se foi ou não uma conduta comercial legítima, vocês devem verificar se a conduta é ou não compatível com a concorrência com base nos méritos, se a conduta oferece ou não benefícios aos consumidores e se a conduta faria ou não sentido comercial, com exceção de qualquer efeito que tenha sobre a exclusão da concorrência ou o prejuízo dos concorrentes.[55]

Se o negócio bem-sucedido será ou não penalizado pelo seu sucesso pode depender do palpite do júri quanto a se a decisão de algum executivo fez "sentido comercial" ou não. A Regra de Ouro pode ter uma precisão maior.

Os economistas têm mostrado engenhosidade ao desenvolver conceitos que soam sinistros, tais como "poder de merca-

54 Ibid., p. C-18.
55 Ibid., p. C-27.

do do lado do comprador",[56] para caracterizar a atividade competitiva como algo que não faz sentido comercial, bem como para impor aos concorrentes bem-sucedidos o ônus de defender seu êxito nos tribunais. O caso *Weyerhaeuser*, de 2005,[57] ilustra o processo. O caso é uma repetição da lenda da Standard Oil. Um produtor integrado fornece com lucro o produto acabado a preços continuamente decrescentes. Operadores menos eficientes em um nível único da cadeia competitiva fecham as portas. A Standard Oil foi dividida. A Weyerhaeuser foi autorizada a continuar em sua forma existente, mas foi ordenada a transferir alguns dos seus ativos aos menos eficazes, porque ela estava supostamente engajada numa compra "predatória".

O Tribunal de Recursos para o Nono Distrito manteve uma indenização por danos de US$ 26 milhões (triplicada para US$ 78 milhões). Um painel unânime de três juízes usou o conceito de demanda inelástica e especulação a respeito do nível de preço que poderia ou não beneficiar os consumidores no longo prazo, para distinguir o caso *Weyerhaeuser* de uma decisão da Suprema Corte[58] que havia rejeitado uma queixa de venda "predatória". O tribunal de recursos aceitou o rótulo do caso pelo economista do reclamante como uma "oferta predatória excessivamente alta (ex., pagando um preço mais alto

56 Steven C. Salop, "Anticompetitive Overbuying by Power Buyers", *Antitrust Law Journal* 72 (2005): 669.

57 *Confederated Tribes of Siletz Indians of Oregon* v. *Weyerhaeuser Co.*, *Antitrust and Trade Regulation Report* 88 (9th Cir. 2005). Em 20 de fevereiro de 2007, a Suprema Corte revogou e mandou de volta a decisão do 9.º Tribunal Regional. *Weyerhaeuser Co.* v. *Ross-Simmons Hardwood Lumber Co.., Inc.*, 549 U.S._, slip. op. (2007).

58 *Brooke Group Ltd.* v. *Brown & Williamson Tobacco Corp.*, 509 U.S. 209 (1993).

do que era necessário por blocos de madeira)". O depoimento dado por um antigo funcionário da Weyerhaeuser de que a empresa podia "influenciar os preços no mercado de blocos de madeira de carvalho", a evidência de que os preços haviam subido no mercado, bem como a opinião do ex-funcionário de que a empresa havia pago mais do que o necessário pelos blocos de madeira, foram vistos como apoio suficiente para concluir que ela "estava empregando uma conduta anticompetitiva por meio de ofertas predatórias excessivamente altas". O tribunal sustentou uma queixa de tentativa ilegal de monopolizar os blocos de madeira, bem como uma estimativa de prejuízos do júri baseada na "suposição fundamental de que a Weyerhaeuser mantinha custos artificialmente altos no mercado de blocos de madeira durante o período de prejuízos". Os teóricos econômicos imaginativos e articulados foram decisivos. Os advogados argumentaram a respeito de questões esotéricas e doutrinárias relativas aos padrões para identificar a compra e venda "predatória".

O tribunal de recursos não determinou uma regra segundo a qual aconselha como evitar essa armadilha do sucesso comercial em que a Weyerhaeuser caiu. Não há pista alguma no parecer judicial quanto ao que ela fez ou não deveria ter feito. O caso ilustra vividamente a impossibilidade de distinguir entre a concorrência legítima e as tentativas ilegais de monopolizar, bem como a natureza política simbólica da lei da monopolização.

# 6. Fusões

A aplicação "vigorosa" da seção 7 do Clayton Act gerou declarações pela Suprema Corte que dão ao governo uma base legal para impedir qualquer fusão corporativa de grande porte. Fundamental ao antitruste é a preocupação de que as fusões não supervisionadas pelo governo podem levar ao desenvolvimento de um truste prejudicial. Os adeptos do antitruste temem a consolidação corporativa, porque eles a veem como um meio de monopolizar um produto ou serviço da maneira que acreditam que a Standard Oil monopolizou o petróleo. O medo foi expresso incisivamente pelo Ministro da Suprema Corte, William O. Douglas, em um parecer coincidente em um caso de uma fusão de cervejarias em 1966.[1] A Corte declarou uma fusão ilegal em cada uma das três maneiras: (1) a empresa incorporada teria 23,95% das vendas de cerveja em Wisconsin, (2) a empresa incorporada teria 11,32% das vendas de cerveja na área dos três estados de Wisconsin, Illinois e Michigan e (3) a empresa incorporada teria 4,49% das vendas de cerveja nacionalmente. O Ministro Douglas concordou com cada uma das conclusões da Corte e afirmou que qualquer outra decisão levaria "a uma forma de concentração... descrita" em um apêndice da sua decisão. Ele anexou uma co-

1 *United States* v. *Pabst Brewing Company*, 384 U.S. 546, 553 (1966).

luna de jornal do humorista Art Buchwald, onde Buchwald observou que fusões estavam ocorrendo e que "se a tendência continuar, o país inteiro logo será fundido em uma grande empresa". Buchwald continuou sugerindo que até 1978 todas as empresas a oeste do Mississippi teriam se fundido em uma corporação e todas as empresas a leste do Mississippi em outra corporação. Essas duas empresas se fundiriam em uma só e essa empresa resultante então iria negociar "com o Presidente para comprar os Estados Unidos".

O Ministro Douglas acreditava no antitruste. Ele temia a consolidação corporativa. O claro significado da sua opinião e do seu apêndice corroborativo era de que se o governo não pudesse impedir uma fusão que resultasse na venda pela empresa incorporada de 4,49% da cerveja nos Estados Unidos, então todas as empresas poderiam ser capazes de se fundir em uma só e talvez o fizessem. A noção é tão absurda que ela nunca é explicitamente verbalizada, mas é uma suposição persistente e implícita do antitruste. O medo irracional da consolidação corporativa continua sendo um dos elementos resistentes da religião antitruste. Grande parte da atividade antitruste está direcionada a reagir a esse medo.

A doutrina da Suprema Corte sobre a monopolização não contém uma declaração clara do que a lei permite ou proíbe. Ao contrário, a doutrina da Corte quanto às fusões é clara. A seção 7 do Clayton Act proíbe as fusões que podem "reduzir a concorrência" ou "tendem a criar um monopólio". A Suprema Corte interpretou o estatuto para abranger todas as fusões. Sob a interpretação estatutária da Corte, não se pode afirmar que existam fusões que diminuam a concorrência ou tendam a criar um monopólio. Na verdade, as fusões são por si só ilegais.

A campanha contra as fusões durante os anos 60, descrita no capítulo 1, foi um sucesso total. O governo impediu as fusões de todos os tipos e ganhou todos os casos, exceto um. Nesse caso, o *General Dynamics*,[2] decidido em 1974, Warren Burger havia substituído Earl Warren como Presidente da Suprema Corte. A Corte rejeitou uma tentativa de impedir a fusão de duas empresas de carvão. A Corte não via possibilidade de concorrência futura entre as empresas, sem a fusão, porque uma das duas empresas tinha reservas limitadas de carvão. A Corte concluiu que uma fusão não teria nenhum efeito competitivo proscrito pelo estatuto. O *General Dynamics* foi o último caso em que a Suprema Corte disse algo sólido a respeito das fusões.

Em 1962, no parecer do caso *Brown Shoe*, o Presidente Warren, da Suprema Corte, havia exaltado a "microempresa" como o "estilo de vida" a ser preservado pela seção 7 do Clayton Act.[3] No ano seguinte, no caso *Philadelphia National Bank*, a Corte condenou qualquer "fusão que crie uma empresa que controle uma participação percentual indevida do mercado relevante e que resulte em um aumento significativo da concentração das empresas nesse mercado".[4] Respaldado pela Suprema Corte, o Ministério da Justiça atacou as fusões que estavam ameaçando aumentar a concentração nos mercados de "tortas de sobremesa congeladas", de "árvores de Natal artificiais", de "acessórios de encanamento resistentes a vândalos" usados nos presídios, de serviços locais de aluguel de toalhas, de "mate-

2 *United States* v. *General Dynamics Corp.*, 415 U.S. 486 (1974).

3 *Brawn Shoe, Inc.* v. *United States*, 370 U.S. 294, 333 (1962).

4 *United States* v. *Philadelphia National Bank*, 374 U.S. 321, 362-63 (1963).

riais termoplásticos compostos reforçados e customizados", de ferragens para cortinas, ou de transporte de lixo comercial, em Dallas. A Comissão Federal de Comércio opôs-se às fusões, ameaçando aumentar a concentração nos mercados de pizza congelada, de kits de carburador, de cateteres urológicos e de "partes desmontáveis de caixões fúnebres".[5]

Desde 1975 algumas decisões de primeira instância "não aderiram estritamente à risca ou ao espírito da jurisprudência da Suprema Corte relativa às fusões".[6] Considera-se que as decisões antitruste da Suprema Corte em questões não relativas a fusões "dão motivos para se deduzir que a Corte aprova a evolução da jurisprudência de primeira instância relativa às fusões", porém "a Corte nunca repudiou diretamente o ensinamento das suas decisões antitruste".[7] Andrew Gavil, William Kovacic e Jonathan Baker sugeriram que "os alicerces da política norte-americana de fusões se apoiam na suposição, sem o benefício da orientação direta da própria Corte, de que a Corte não mais apoia o que ela disse anteriormente".[8] No entanto, as doutrinas relativas às fusões da Corte Warren permanecem substancialmente intactas. Elas são usadas para impedir fusões que envolvam tais produtos como sorvete, sardinha e purê de frutas e legumes, embora seja impossível imaginar a criação de um monopólio de qualquer um desses itens ou como uma fu-

5 Frederick M. Rowe, "The Decline of Antitrust and the Delusions of Models", *Georgetown Law Journal* 72 (1984): 1511, 1528, notas de rodapé omitidas.

6 Andrew I. Gavil, William E. Kovacic e Jonathan B. Baker, *Antitrust Law in Perspective:* Cases, *Concepts and Problems in Competition Policy*, St. Paul, MN: Thomson/West, 2002, p. 440.

7 Ibid., p. 441.

8 Ibid.

são poderia tender a criar um monopólio. A "análise de mercado" antitruste fornece um fundamento lógico para impedir tais fusões. Os mercados de sorvete "Super Premium",[9] "salgadinhos de sardinha"[10] e "papinha de bebê" são presumidos.[11] Em tais mercados considera-se que a fusão reduza a concorrência e, portanto, seja ilegal.

A campanha contra fusões resultou nas interpretações pela Suprema Corte da seção 7 do Clayton Act, que tiveram o efeito de declarar todas as fusões ilegais. As autoridades tiveram de encarar o fato de que elas não pretendiam impedir todas as fusões. Elas eram obrigadas a ser seletivas. Elas tinham de ser mais permissivas do que a lei. Relutantes em contradizer as declarações da Suprema Corte ou em abdicar de um poder discricionário ilimitado para interromper qualquer fusão, caso fosse politicamente importante fazê-lo, as autoridades não estavam dispostas a afirmar inequivocamente quais as fusões que poderiam ser permitidas.

## Todas as Fusões São Ilegais – Algumas Podem Ser Permitidas

Logo que ficou aparente que o governo poderia impedir qualquer fusão que quisesse, as autoridades públicas coercitivas divulgaram "diretrizes" que originalmente pretendiam dar alguma orientação quanto a que fusões poderiam ser permitidas. De tempos em tempos, o Ministério da Justiça e a FTC divulgaram

9 Nestlé S. A., FTC File No. 012-0174, *Antitrust and Trade Regulation Report* 84, 27 de junho de 2003, p. 653.

10 *United States* v. *Connors Bros. Income Fund*, Julgamento Final em 18 de abril de 2005 (D.D.C.), www.justice.gov/atr/cases/f208700/208712.htm. *Antitrust and Trade Regulation Report* 87, 3 de setembro de 2004, p. 249.

11 *FTC* v. *H.J. Heinz Co.*, 246 F. 3d 708 (D.C. Cir. 2001).

documentos escritos, intitulados enganosamente de Diretrizes Relativas a Fusões. Essas supostas diretrizes foram publicadas primeiramente pelo Ministério da Justiça em 1968.[12] Ele divulgou uma revisão completa em 1982,[13] e a FTC divulgou a sua própria declaração da política de exigibilidade relativa às fusões horizontais naquele mesmo ano.[14] A revisão de 1982 do Ministério da Justiça continha a seguinte nota de rodapé:

> Há alguma evidência econômica de que onde uma ou duas empresas dominam um mercado, a criação de uma terceira empresa forte intensifica a concorrência. O Ministério considerou essa evidência, porém não está atualmente preparado para equilibrar esse possível ganho contra a certeza de uma concentração substancialmente maior no mercado.

Dessa forma, ao aplicar um estatuto proibindo fusões que possam "diminuir a concorrência", o Ministério da Justiça estava declarando uma prontidão para impedir as fusões que aumentam a concentração, muito embora elas *intensifiquem a concorrência*. Dois anos mais tarde, ele reavaliou a sua declaração e omitiu essa nota de rodapé.[15] Em 1992 a FTC uniu-se ao Ministério da Justiça em uma nova declaração.[16] Em 1997 eles

12 Ministério da Justiça dos EUA, Diretrizes Relativas a Fusões, 33 Fed. Reg. 23, 442 (1968).

13 Ibid., p. 47 Fed. Reg. 28, 493 (1982).

14 FTC, Declaração Relativa às Fusões Horizontais (1982), reimpresso em 2 Trade Reg. Rep. (CCH) para. 4516.

15 Ministério da Justiça dos EUA, Diretrizes Relativas a Fusões, 49 Fed. Reg. 26, 823 (1984).

16 Ministério da Justiça dos EUA e a FTC, Diretrizes Relativas a Fusões Horizontais (1992), reimpresso em 4 Trade Reg. Rep. (CCH) para. 13, 104.

adicionaram uma seção relativa a "Competências", resultando em uma declaração de 36 páginas, contendo 39 notas de rodapé.[17] Em março de 2006 publicaram o Commentary on the Horizontal Merger Guidelines (Comentário sobre as Diretrizes de Fusões Horizontais),[18] que consiste de 68 páginas, sem notas de rodapé.

Nos últimos anos o tratamento das fusões "horizontais" (entre empresas que supostamente estavam competindo entre si em algum mercado presumido) tem diferido do tratamento de outros tipos de fusão. Embora as doutrinas da Suprema Corte estejam dispostas a impedir as fusões verticais (entre fornecedores e os seus clientes) e as fusões conglomeradas (entre empresas que não são concorrentes reais ou potenciais e não têm uma relação cliente-fornecedor real ou potencial), impedir tais fusões caiu de moda desde a Revolução Reagan e desde a adoção da retórica da faculdade de Chicago pela comunidade antitruste. Alguns membros da comunidade lamentam não terem conseguido continuar com uma prevenção mais completa contra as fusões. Eles insistiram que uma política de exigibilidade do antitruste "mais vigorosa" fosse "restaurada".[19] Mas a restauração não aconteceu. Não houve

17 Ministério da Justiça dos EUA e a FTC, Revisão da seção 4 das Diretrizes Relativas a Fusões Horizontais, reimpresso em *Antitrust and Trade Regulation Report* 72, 10 de abril de 1997, p. 359.

18 Comentário a respeito das Diretrizes Relativas a Fusões Horizontais, *Antitrust and Trade Regulation Report* 90, 31 de março de 2006, p. 357.

19 Robert Pitofsky, "Does Antitrust Have a Future?" *Georgetown Law Journal* 76 (1987): 321, 326.

nenhuma "contra-revolução".[20] A política das fusões se manteve "coerente ao longo das administrações".[21]

Talvez o motivo seja que as fusões horizontais oferecem atividades profissionais suficientes para manter a comunidade antitruste ocupada e sejam fáceis de ser atacadas. As fusões horizontais são, por definição, proibidas pelo estatuto. As fusões horizontais são fusões de concorrentes. Como se pode presumir que a empresa resultante da fusão não competirá consigo mesma, qualquer fusão de concorrentes eliminará a concorrência que existia entre as partes antes da fusão e, assim, reduzirá a concorrência até esse limite.

### *Diretrizes que não Direcionam*

As Diretrizes dão uma estrutura doutrinária dentro da qual se racionaliza decisões já tomadas, mas não dão uma base para prognosticar em que direção uma decisão será tomada. Originalmente destinadas a servir de indicações de quais fusões poderiam ser permitidas, as Diretrizes tornaram-se reafirmações de conceitos e doutrinas usadas para racionalizar a prevenção às fusões.

A mais recente versão das Diretrizes discute a respeito da "definição de mercado e concentração", "possíveis efeitos competitivos adversos das fusões", "análise de entrada", "competências" e "falência e saída de bens patrimoniais". Embora não haja

20 Thomas B. Leary, "The Essential Stability of Merger Policy in the United States", *Antitrust Law Journal* 70 (2002): 105, 113.

21 William E. Kovacic, "Prepared Statement of the Federal Trade Commission: Petroleum Industry Consolidation", Testemunho diante do Comitê sobre o Judiciário, Senado Norte-Americano, 1.º de fevereiro de 2006, p. 2.

uma correlação que possa ser provada entre a concentração e a concorrência, sob o título "Concentração e Participações de Mercado", o documento introduz uma mensuração pseudo-científica da concentração:

> A concentração de mercado é uma função do número de empresas em um mercado, bem como as suas respectivas participações de mercado. Como uma ferramenta para a interpretação dos dados do mercado, a Agência usará o Índice Herfindahl-Hirschman ("HHI") de concentração de mercado. O HHI é calculado pela soma dos quadrados das participações individuais de mercado de todos os participantes. Ao contrário do quociente de concentração das quatro empresas, o HHI reflete tanto a distribuição das participações de mercado das quatro principais empresas quanto a composição do mercado fora das quatro principais empresas. Ele também dá um peso proporcionalmente maior à participação de mercado das empresas maiores, de acordo com a sua relativa importância nas interações competitivas.
>
> A Agência divide o espectro da concentração de mercado, conforme mensurado pelo HHI, em três regiões que podem ser amplamente caracterizadas como não-concentradas (HHI abaixo de 1000), moderadamente concentradas (HHI entre 1000 e 1800) e altamente concentradas (HHI acima de 1800).[22]

Como se as regras pelas quais se avalia a conduta estivessem sendo declaradas, os autores do documento caracterizam

22 Ministério da Justiça dos EUA e FTC, Diretrizes Relativas a Fusões Horizontais, divulgadas em 2 de abril de 1992, revisadas em 8 de abril de 1997, seção 1.5.

as discussões de conceitos, como definição de mercado e concentração de mercado, como "padrões". A primeira página do documento diz:

> Não é possível afastar o uso do discernimento na avaliação de fusões sob as leis antitruste. Como os *padrões* específicos estipulados nas Diretrizes devem ser aplicados a uma ampla gama de possíveis circunstâncias factuais, a aplicação mecânica desses padrões pode fornecer respostas equivocadas às perguntas econômicas levantadas sob as leis antitruste. Além disso, as informações são geralmente incompletas, e o panorama das condições competitivas, criado a partir de evidências históricas, pode fornecer uma resposta incompleta à investigação prospectiva das Diretrizes. Portanto, a Agência aplicará com sensatez e flexibilidade os padrões das Diretrizes aos fatos e circunstâncias específicos de cada fusão proposta.[23]

O Comentário de 2006 sobre as Diretrizes de Fusões Horizontais afirma: "A análise da fusão depende largamente dos fatos específicos de cada caso".[24] Thomas Leary, enquanto membro da FTC, disse em uma Conferência Conjunta E.U.A./U.E. sobre os Remédios Jurídicos para as Fusões, em Paris, em janeiro de 2002:

> Os casos relativos às fusões são altamente dependentes dos fatos. Pessoas com a mesma filosofia básica podem

23 Ibid., Seção 0. Objetivo, Premissas Subjacentes da Política e Visão Geral (grifo do autor).

24 Ministério da Justiça dos EUA e FTC, Comentário sobre as Diretrizes Relativas a Fusões Horizontais (março de 2006), p. 3.

e realmente chegam a diferentes conclusões em relação a transações individuais.[25]

Em outras palavras, em relação a qualquer fusão específica proposta, uma pessoa pode ler as Diretrizes para proibir a transação, enquanto outra pessoa pode ler as Diretrizes para permiti-la. As Diretrizes não orientam as partes levando em consideração se elas se fundirão ou não, nem orientam as autoridades do governo que estão analisando, se irão ou não impedir ou permitir uma fusão.

### *Exemplos de Imprevisibilidade*

Os membros da FTC, quando receberam a proposta de aquisição pela PepsiCo da Quaker Oats Co., ficaram divididos dois a dois, se se opunham ou não a ela, e depois votaram 4-0 para encerrar a investigação. Dois membros do Conselho afirmaram que permitir que a "PepsiCo consolidasse mais a sua posição na área de refrigerantes com a aquisição da Quaker Oats e os seus conhecidos produtos Gatorade desperta preocupações óbvias e significativas de que a concorrência será perdida na indústria altamente concentrada de refrigerantes". Os outros dois membros da comissão levantaram a questão "se a Quaker Oats, com o seu produto Gatorade, possuía ou não a possibilidade de ser uma terceira força competitiva significativa no mercado". Eles acrescentaram que "os prognósticos dos efeitos futuros são difíceis e que pessoas sensatas podem di-

25 Leary, "Essential Stability of Merger Policy", p. 105, 112.

vergir, mesmo quando elas aplicam as mesmas ferramentas de análise".[26]

Quando a General Mills Inc. propôs adquirir a Pillsbury Co. em 2001, a FTC levou em consideração duas propostas: (1) um acordo incorporando as condições oferecidas pelas partes e (2) um mandado de segurança para interromper a fusão. Somente dois votos poderiam ser obtidos para qualquer uma das propostas.[27]

Naquele mesmo ano, a FTC encerrou a sua investigação da fusão entre a Phillips Petroleum Corp. e a Tosco Corp. com uma declaração de que a fusão não "tem a probabilidade de prejudicar a concorrência e os consumidores", porque as empresas operavam em diferentes partes do país, suas participações combinadas eram baixas onde seu marketing se sobrepunha e não resultaria em nenhuma consolidação das reservas ou produção da Alaska North Slope.[28]

Em 2001, aposentando-se após seis anos como presidente da FTC, durante os quais se estima que foram aprovadas 26 mil fusões, Robert Pitofsky salientou com orgulho ter conseguido uma reforma de decisão pelo tribunal de recursos de uma sentença do Tribunal Federal que teria permitido a fusão entre

26 "FTC Closes Pepsi/Quaker Merger Probe; Divided Commission Results in Clearance", *Antitrust and Trade Regulation Report* 81, 3 de agosto de 2001, p. 99.

27 "Tie Vote Results in FTC Deadlock on General Mills/Pillsbury Merger", *Antitrust and Trade Regulation Report* 81, 26 de outubro de 2001, p. 364.

28 "Phillips Petroleum, Tosco Receive Notice of FTC Investigation Closure; Merger to Proceed", *Antitrust and Trade Regulation Report* 81, 21 de setembro de 2001, p. 239.

a Heinz e a Beechnut, empresa de alimentos para bebês.[29] O juiz federal havia decidido o seguinte:

> A Comissão fez o seu caso aparentemente sólido, mostrando uma maior concentração de mercado. Os réus rebateram esse caso com provas de que a fusão proposta iria na verdade aumentar a concorrência. A Comissão respondeu ao caso de refutação, basicamente somente com a teoria estrutural.[30]

O presidente Pitofsky disse ao *Wall Street Journal* que a decisão que derrubou a sentença do juiz federal "mantém a fronteira" quanto à exigibilidade do antitruste. Em uma entrevista ao *Legal Times* ele disse: "O nosso papel, na sua maior parte, é jogar na defesa e preservar o *status quo*".[31] Ao suceder Pitofsky como presidente da FTC, Timothy J. Muris disse que ele teria permitido a fusão.[32]

A imprevisibilidade é inerente ao processo de regulação das fusões. Conforme salientam as Diretrizes, os padrões não podem ser aplicados mecanicamente. As evidências históricas podem fornecer uma resposta incompleta. A investigação é prospectiva. Os reguladores sentem que precisam fazer suposições quanto a um futuro que é desconhecido.

O Comentário de 2006, relativo às Diretrizes de Fusões Horizontais, contém o que são descritos como "breves resumos

29 *H.J. Heinz Co.*, 246 F. 3d 708.

30 *FTC* v. *H.J. Heinz Co.*, Ação Civil No. 00-1688 (D.D.C 2000), Slip Opinion, p. 22.

31 "The FTC's Enforcer", *Legal Times*, 28 de maio de 2001.

32 Caroline E. Meyer, "A Steady Course for the FTC", *Washington Post*, Section E, 8 de junho de 2001.

a respeito de questões investigadas pelas Agências... [para que haja] uma maior compreensão quanto aos princípios sob discussão". São dados indícios de como as investigações terminaram, mas é dito ao leitor que "nenhum dos resumos trata exaustivamente de todos os fatos ou questões pertinentes que surgiram na investigação". Nenhum desses exemplos oferece qualquer orientação quanto a como outra investigação futura "dependente de fatos" terminará, porque (1) os exemplos de decisões anteriores não contêm todos os "fatos pertinentes" e (2) nenhum caso futuro apresentará exatamente os mesmos fatos.

Os "padrões" nesses documentos podem ser citados como apoio para uma decisão de interromper qualquer fusão horizontal, mas eles não são nenhum obstáculo à autorização de uma fusão – mesmo uma fusão que não só elimine a concorrência, mas realmente crie um monopólio. Quando a Boeing Co. comprou a McDonnell Douglas Corp. e, desse modo, obteve o monopólio total da fabricação norte-americana de aeronaves comerciais, a FTC permitiu que a fusão continuasse sem estipular quaisquer condições.[33] "A política industrial de fusão, o comércio exterior e as implicações da defesa nacional geraram uma tensão política... Alguns funcionários do Poder Executivo e membros do Congresso apoiaram medidas para reforçar a liderança da Boeing na produção de aeronaves comerciais.... O Ministério da Defesa também recebeu bem a consolidação Boeing-MDC, como uma maneira de preservar as capacidades de defesa das empresas e eliminar a capacidade excedente de produção".[34] Sob essas circunstâncias, a FTC pu-

33 Acquisitions-Boeing Co., 5 Trade Reg. Rep. (CCH) para. 24,295 (FTC, 1.*o* de julho de 1997).

34 Gavil, Kovacic, and Baker, *Antitrust Law in Perspective*, p. 73.

blicou uma declaração explicando como chegou à conclusão de que essa fusão entre o que ela chamava de "dois concorrentes diretos" não diminuiria substancialmente a concorrência nem tenderia a criar um monopólio.

Nem as 36 páginas das Diretrizes ou as 68 páginas do Comentário oferecem qualquer orientação para se prever qual fusão será permitida ou qual fusão será impedida. Os documentos informam à comunidade antitruste a linguagem que deveria ser usada para discutir a respeito de uma proposta de fusão, independentemente de quais sejam as considerações reais. Eles ilustram como as doutrinas antitruste serão usadas para descrever uma decisão que impeça uma fusão, depois da decisão de impedimento ter sido tomada. As Diretrizes não proíbem a apresentação de fatos e argumentos que possam ser realmente pertinentes a uma decisão de permitir uma fusão, mas também não oferecem orientação alguma de quais devem ser esses fatos e argumentações.

O Comentário de 2006 declara na primeira página: "A preocupação central das leis antitruste, inclusive se elas dizem respeito a fusões entre rivais, é a criação ou intensificação do poder de mercado" e "as Agências contestam as fusões que podem provavelmente criar ou intensificar a capacidade da empresa incorporada... de exercer poder de mercado". Tais declarações não oferecem nenhuma regra ou orientação. Para se definir um mercado (e o poder de mercado derivado) é necessária a aplicação de uma análise estática a um mundo dinâmico. Não se pode chegar a conclusões sem fazer suposições. Para se definir um mercado é necessária a suposição de que, com exceção da fusão, o mundo permanecerá parado. Ao longo desse exercício, aqueles que compartilham da mesma filosofia básica podem e realmente chegam a diferentes conclusões quanto a transações individuais. É impossível prever esses discernimentos individuais.

O assédio das fusões pelo governo é arbitrário e imprevisível, é feito em segredo e aleatoriamente movido pelas queixas dos concorrentes. Na época dos pronunciamentos da Corte Warren em relação às fusões corporativas e do recuo do Ministério da Justiça em relação a elas nas Diretrizes originais, era possível fazer primeiro a fusão e depois aguardar uma tentativa do governo de obter os fatos e desfazer a fusão. O Congresso mudou isso em 1976, adicionando a seção 7 A[35] ao Clayton Act, que exige uma notificação pré-fusão de todas as fusões acima de um tamanho mínimo, bem como um período de espera antes de a fusão ser concluída.

Foram apresentadas notificações de pré-fusão de 1.695 propostas de fusão no exercício fiscal de 2005. Os reguladores federais impugnaram 18 delas.[36] Mais de 98% obtiveram permissão para prosseguir sem a interferência do governo. Não há uma maneira de dizer por que uma fusão proposta se encaixou nos 98% ou mais que foram ignorados.

As famosas propostas de fusão às vezes despertam o interesse público, que pode sugerir uma declaração na linguagem antitruste, tal como "não é provável que essa fusão dê poder de mercado à entidade incorporada",[37] se o governo decidir não se

35 Hart-Scott-Rodino Antitrust Improvements Act, 15 D.S.C. § 18a.

36 FTC e o Ministério da Justiça, Relatório Anual ao Congresso: Exercício Fiscal de 2005, p. 2, 3.

37 "DOJ Won't Attack Consolidation of Major Appliance Manufacturers", *Antitrust and Trade Regulation Report* 90, 31 de março de 2006, p. 349, 350.

opor à fusão. Não há uma divulgação sistemática das decisões que permitem as fusões. O registro público de fusões impugnadas oferece poucas dicas quanto a quais fusões serão permitidas. Em 2004 um tribunal federal recusou-se a interromper uma fusão para criar o duopólio (dois vendedores) em "softwares de alto desempenho",[38] e o Ministério da Justiça aceitou o resultado sem recorrer. Ao mesmo tempo, ele se opôs a uma fusão para criar um quase monopólio de salgadinhos de sardinha.[39] A FTC permitiu uma fusão para criar um monopólio na fabricação de aeronaves comerciais,[40] mas um aumento na concentração de alimentos em potinhos para bebês foi vigorosamente recusado,[41] e uma fusão no mercado varejista para o sorvete "Super Premium" foi impedida.[42]

Desde o início dos anos 80 as objeções contra algumas fusões têm sido descartadas em decorrência da alienação parcial de bens. As fusões são permitidas sob a condição de que alguns bens sejam vendidos. Essas fusões incluem acordos para livrar-se

> de duas padarias, uma cervejaria, quatro mercearias, uma fábrica de cimento, uma fábrica de caixões, uma linha de óleos bronzeadores e oito clínicas de repouso. Os perspicazes planejadores das fusões começaram a gostar de um pouco de sobreposição, tal como um seguro antitruste,

38 *United States* v. *Oracle Corp.*, 331 F. Supp. 2d 1098 (N.D. Cal. 2004).

39 *Connors Bros. Income Fund* (D.D.C.), *Antitrust and Trade Regulation Report* 87: 249.

40 Acquisitions-Boeing Co., 5 Trade Reg. Rep. (CCH), para. 24, 295.

41 *H. J. Heinz Co.*, 246 F. 3d 708.

42 Nestlé S. A., FTC Arquivo No. 012-0174, *Antitrust and Trade Regulation Report* 84, 27 de junho de 2003, p. 653.

pois ele comprava tranquilidade oferecendo uma oferta simbólica em troca de uma decisão de efeito cosmético.[43]

A comunidade antitruste refere-se à revisão das fusões como uma "exigibilidade das fusões". Relatórios Anuais ao Congresso enviados pelo Ministério da Justiça e a FTC contêm seções com o cabeçalho "Atividade de Exigibilidade das Fusões". Na reunião da primavera de 2005 da seção da lei antitruste da Ordem dos Advogados Norte-Americana, o procurador-geral adjunto responsável pela Divisão Antitruste do Ministério da Justiça falou a respeito de "validar um gol sem consultar o bandeirinha na exigibilidade das fusões" e declarou a sua crença de que "a exigibilidade das fusões é uma parte necessária do antitruste".[44]

A maioria das fusões é permitida. Poucas fusões são impedidas. Algumas fusões são modificadas. *Nenhuma* fusão é imposta. A comunidade antitruste usa o termo "exigibilidade das fusões", embora nenhuma fusão esteja sendo exigida, porque ela gosta de pensar que o que está fazendo é uma aplicação da lei. A regulamentação das fusões não é uma aplicação da lei. Nenhuma regra averiguável está sendo aplicada. É um elemento da crença antitruste de que este é uma alternativa desejável à regulação. Os adeptos do antitruste não desejam reconhecer que o processo de revisão de fusões existente não é nenhuma aplicação da lei, mas a regulação caprichosa das fusões pelo go-

43 Frederick M. Rowe, "The Decline of Antitrust and the Delusions of Models", *Georgetown Law Journal* 72 (1984): 1511, 1529, notas de rodapé omitidas.

44 D. Jeffrey Brown, Paul Collins e Kevin Rushton, "Symposium-Aspen Skiing 20 Years Later: The Aspen Skiing Case from a Canadian Competition Law Perspective", *Antitrust Law Journal* 73 (2005): 278.

verno. A revisão das fusões, a prevenção às fusões, o controle das fusões e a regulação das fusões são chamadas de "exigibilidade da fusão" pela comunidade antitruste para preservar a ficção de que a interferência do governo nas fusões é uma aplicação da lei. O adepto do antitruste gosta de pensar na prevenção seletiva imprevisível das fusões, agindo como se fosse um árbitro de futebol que "valida um gol sem consultar o bandeirinha", para manter a economia justa e livre de regulação.

## Nenhum Estado de Direito quanto às Fusões Corporativas

O estatuto e a sua interpretação pela Suprema Corte declaram uma lei contra fusões, mas não há uma regra pela qual se prevê quando a lei será aplicada. Assim como nos limites de velocidade nas estradas, a seção 7 do Clayton Act dá à polícia das fusões o poder arbitrário de escolher aquelas contra as quais a lei será aplicada. Uma fusão pode ser importante o bastante que justifique a imposição de uma taxa de arquivamento e um período de espera e, dessa forma, seja supostamente proibida por lei, mas a fusão pode ser permitida por meio de uma decisão secreta tomada por funcionários do governo não identificados, não eleitos e não responsabilizados. A fusão será colocada ao lado dos 95% ou mais a serem ignorados ou de uma pequena porcentagem a ser examinada com maior atenção? A fusão desperta "preocupações antitruste"? Em quem? A fusão será revisada pelo Ministério da Justiça ou pela FTC? As fusões são desestabilizadoras. Elas ameaçam o *status quo*. É provável que a fusão cause alguma infelicidade? A fusão poderá causar infelicidade a qualquer pessoa de importância política? Alguém poderá perder o emprego, uma conta de vendas ou uma relação satisfatória de algum tipo. Aqueles que são ameaçados podem reclamar a um político ou diretamente às autoridades antitruste.

O ritual cerimonial da revisão da fusão consome grande parte do orçamento antitruste. (Um comunicado à imprensa pela FTC, em outubro de 2000, disse que "a exigibilidade da fusão era responsável por mais de 70% dos recursos [antitruste] da FTC".[45]) Procedimentos formais que podem enfraquecer as doutrinas da Corte Warren raramente são necessários. O ritual começa quando duas empresas importantes propõem uma fusão. Elas apresentam formulários de notificação. As "preocupações antitruste" são expressas. Os funcionários do governo exigem mais informações. Sendo forçadas a esperar, as partes podem cancelar a fusão. Funcionários do Poder Executivo, legisladores, funcionários do governo estadual, grupos de consumidores, consumidores, fornecedores e concorrentes são ouvidos em particular, alguns defendendo e outros se opondo. As Diretrizes oferecem uma linguagem na qual se declara objeções. Expressões como "poder de mercado", "reduzir a concorrência" e "aumentar a concentração" são enunciadas. Às vezes os advogados do governo intermedeiam uma solução política. Podem ser feitas ofertas de sacrifício, tais como promessas de vender uma padaria, uma cervejaria ou uma fábrica de caixões. Se a fusão é consumada ou é cancelada, as preocupações antitruste são resolvidas. Os estatutos e as interpretações da Corte Warren permanecem em vigor. O medo da consolidação corporativa é atenuado. O antitruste é celebrado. A crença no antitruste é preservada.

45 "FTC Wraps Up Record Year in Antitrust Enforcement with New Mix of Litigation and Guidance", Comunicado à Imprensa da FTC, 13 de outubro de 2000.

# 7. "Venda Casada" e Negociação "Exclusiva"

As ofertas combinadas são rotuladas de "vendas casadas" e a seleção de clientes é chamada de "negociação exclusiva" – ambas soam sinistras e sugerem a posse e o exercício de poder pelo vendedor. A lei da monopolização é organizada, porém inútil. A doutrina não possui nenhuma referência factual do mundo real. Não há uma maneira de distinguir a monopolização ilegal da concorrência legítima. O estatuto antitruste relativo a fusões foi interpretado de maneira a proibir todas as fusões, mas, assim como no caso do limite de velocidade nas estradas, não há uma previsibilidade em relação a quando a lei será aplicada. Um ex-presidente da FTC disse que a regulação das fusões é alicerçada em "areia movediça". Não há "uma base sólida" em razão "da base empírica incerta das teorias existentes para atacar as fusões".[1]

A lei relativa ao que a comunidade antitruste chama de "venda vinculada" não é melhor que isso. Os professores universitários Daniel Gifford e Leo Raskind chamam de venda

1 Timothy J. Muris, "The Government and Merger Efficiencies: Still Hostile After All These Years", *George Mason Law Review* 7 (1999): 729, 736, 752.

vinculada "uma questão antitruste problemática".[2] A doutrina sobre a venda vinculada é reconhecida estando "em uma situação um tanto incerta".[3] Não há um consenso quanto ao que seja a venda vinculada, quando a venda vinculada é ilegal ou por que deveria ser. Os professores Eleanor Fox e Lawrence Sullivan sugeriram que "o tratamento em evolução da venda vinculada pela Suprema Corte fornece um microcosmo das atitudes antitruste em desenvolvimento e conflitantes de hoje".[4]

Diz-se que "existe um acordo vinculado quando o fabricante de um produto desejado o vende apenas àqueles que também compram um segundo produto".[5] Se os compradores concordarem em aceitar todas as exigências feitas pelo vendedor para um produto, sem considerar qualquer outro produto, isso é chamado de contrato de "negociação exclusiva".[6]

O preconceito contra a venda vinculada e a negociação exclusiva é melhor compreendido como uma rejeição do mal percebido. Os professores Phillip Areeda e Louis Kaplow imaginam que haja um elemento de coerção na venda vinculada. O vendedor coage os compradores, forçando-os a comprar. Areeda e Kaplow veem assim:

2 Daniel J. Gifford e Leo J. Raskind, *Federal Antitrust Law Cases and Materials*, 2d ed., Cincinnati, OH: Anderson Publishing Co., 2002, p. 235.

3 Andrew I. Gavil, William E. Kovacic e Jonathan B. Baker, *Antitrust Law in Perspective: Cases, Concepts and Problems in Competition Policy*, St. Paul, MN: Thomson/West, 2002, p. 634.

4 Eleanor M. Fox e Lawrence A. Sullivan, *Cases and Materials on Antitrust*, St. Paul, MN: West Publishing Co., 1989, p. 644.

5 Phillip Areeda e Louis Kaplow, *Antitrust Analysis*, 5th ed., New York: Aspen Law & Business, 1997, p. 686.

6 Ibid., p. 769.

> Embora um contrato vinculado seja um tipo específico de negociação exclusiva, este último termo geralmente refere-se somente aos acordos de negociação exclusiva não-vinculados. De qualquer maneira, ambos invocam a seção 3 do Clayton Act e a sua preocupação com a *coerção* dos compradores e o *impedimento* das oportunidades de um rival.[7]

Observe a personificação do inanimado. Diz-se que as palavras escritas têm uma "preocupação". O Clayton Act é somente palavras no papel. Como é que palavras podem ter preocupações? Os professores têm essa preocupação? Nós deveríamos ter? Por quê? O Clayton Act não diz nada a respeito de "coerção" ou "impedimento".

Os adeptos do antitruste têm muitas preocupações, e uma delas é com a venda vinculada. Os adeptos do antitruste preocupam-se com a coerção dos compradores e o impedimento dos vendedores. Eles acreditam que, conforme o Ministro da Suprema Corte John Paul Stevens escreveu, um vendedor que tenha o controle sobre um produto pode "forçar" um comprador a comprar um segundo produto e impedir que outro vendedor venda esse produto.[8]

A jurisprudência sobre a venda vinculada foi resumida desta maneira:

> A análise judicial dos acordos vinculados passou por importantes retificações durante os últimos vinte anos... Embora a Suprema Corte continue a classificar alguns acordos vinculados como violações *per se*, os tribunais de teste agora costumam determinar se a regra *per se* deve-

7 Ibid. (ênfase adicionada).

8 *Jefferson Parish Hospital District No. 2 v. Hyde*, 466 U.S. 2 (1984).

> ria ser ou não aplicada a um acordo em particular, o que lembra cada vez mais uma investigação da regra da razão, porque ao decidir qual teste aplicar, os tribunais têm mostrado uma disposição de levar em consideração as justificativas comerciais para as vendas casadas e às vezes têm analisado o efeito econômico do acordo... Os casos de venda vinculada apresentam abordagens inconsistentes para definir e aplicar os elementos de uma violação *per se*, mas é possível identificar diversos elementos do delito comumente aceitos.[9]

"*Per se*" na linguagem antitruste significa "em si e por si mesmo" – sem uma indagação da "regra da razão" em que tudo é relevante e nada é determinante.

Diz-se que os elementos da venda vinculada são: (1) dois produtos separados, (2) a venda de um produto condicionada à compra de outro, (3) "o vendedor possui poder econômico suficiente no mercado para o produto vinculado, capacitando-o a restringir o comércio no mercado para o produto vinculado" e (4) "uma quantidade não imaterial do comércio interestadual do produto vinculado é afetada".[10] De acordo com os professores E. Thomas Sullivan e Herbert Hovenkamp, "nenhuma definição geral de 'produto' para os fins da lei de acordos vinculados foi até agora produzida".[11] Bork explicou a venda vinculada:

9 Seção da ABA relativa à Lei Antitruste, *Antitrust Law Developments*, 5th ed., Chicago: ABA Publishing, 2002, p. 177-79.

10 Ibid., p. 179.

11 E. Thomas Sullivan e Herbert Hovenkamp, *Antitrust Law, Policy and Procedure*, 4th ed., Charlottesville, VA: Lexis Law Publishing, 1999, p. 518.

> Toda pessoa que vende alguma coisa impõe um acordo vinculado. Isso é verdadeiro porque todo produto ou serviço poderia ser dividido em componentes menores, capazes de ser vendidos separadamente, e todo vendedor recusa-se, em um determinado momento, a dividir o produto ainda mais ou, o que acaba sendo a mesma coisa, cobra um preço proporcionalmente mais alto pela unidade menor. O vendedor de automóveis que se recusa a vender somente o chassis ou o dono de mercearia que se recusa a subdividir uma lata de peras estão praticando uma venda vinculada. ...Não há uma maneira de afirmar o escopo "inerente" de um produto. O juiz que tentar fazê-lo decidirá de acordo com as dimensões do produto que pareçam naturais a ele, porque está acostumado a elas, ou decidirá explicitamente com base na eficiência... As *economias de escala* determinam a definição do produto.[12]

## "Venda Casada" e "Negociação Exclusiva" – Termos Usados para Regular Contratos para Impedir o Mal

Nenhum dos termos "venda casada" ou "negociação exclusiva" pode ser encontrado nos estatutos antitruste. Os adeptos do antitruste inventaram esses supostos males.

A venda casada foi condenada como uma violação da seção 1 do Sherman Act (como um contrato entre o comprador e o vendedor que restringe o comércio injustificadamente), bem como a seção 3 do Clayton Act. Andrew Gavil, William Kovacic e Jonathan Baker afirmam: "A Seção 3... inclui uma proi-

12 Robert H. Bork, *The Antitrust Paradox*, New York: Basic Books, 1978, p. 378-79.

bição *específica* da venda casada".[13] Essa afirmativa é feita com frequência, mas não é tão correta. A seção 3 proíbe as vendas "sob a condição... de que... o comprador... não use nem negocie as mercadorias... de um concorrente do... vendedor, em que o efeito... possa ser diminuir substancialmente a concorrência ou tender a criar um monopólio". As proibições do Clayton Act são mais específicas do que as do Sherman Act, mas não há nenhuma proibição específica da venda casada no Clayton Act. A expressão não aparece em nenhum dos dois estatutos.

Fox e Sullivan descrevem a origem da seção 3 do Clayton Act:

> No início dos anos 1900 grandes e poderosos vendedores exigiam com frequência que os seus clientes negociassem exclusivamente com eles, bloqueando as oportunidades de vendas realizadas pelos seus rivais e limitando a liberdade dos seus clientes de escolher fontes alternativas de fornecimento. Tais exigências eram amplamente consideradas opressivas.[14]

De acordo com aquela explicação bíblica dos primórdios do antitruste, alguns vendedores eram não só grandes como também "poderosos". Eles tinham o poder de "coerção", com o qual Areeda e Kaplow dizem que o Clayton Act está "preocupado". Poderosos vendedores não somente escolhiam os seus clientes naquele tempo. Eles os coagiam e os oprimiam. Os vendedores forçavam os clientes a comprar somente deles e não dos outros. Não é óbvio o quanto os vendedores se tor-

13 Gavil, Kovacic e Baker, *Antitrust Law in Perspective,* p. 691 (ênfase adicionada).

14 Fox e Sullivan, *Cases and Materials on Antitrust,* p. 627.

naram grandes por se comportarem dessa forma, pois os compradores não podem ser forçados a comprar, mas são livres para abster-se de comprar ou para comprar de quem quer que eles escolham, inclusive dos vendedores que talvez não imponham quaisquer dessas exigências. Apesar disso, a opressão feita pelos vendedores poderosos, dizem Fox e Sullivan, ocorreu "com frequência" no início dos anos 1900.

Os adeptos do antitruste achavam que a prática era duplamente maligna. Ela privava os clientes da liberdade de comprar de outra pessoa e impedia que os rivais do vendedor fizessem vendas. Pensou-se na necessidade de uma ação política. O Deputado Henry D. Clayton propôs um projeto de lei para declarar ilegal *todas* as vendas que proibiam os compradores de usar as mercadorias de um concorrente do vendedor. Essa proposta não foi adotada. A lei promulgada não se aplica a todas as vendas que estão nessa condição, mas somente àquelas em que o "efeito... possa ser de diminuir substancialmente a concorrência ou tender a criar um monopólio em qualquer ramo do comércio".

A comunidade antitruste tem tido dificuldade em afirmar como a venda casada pode diminuir a concorrência ou tende a criar um monopólio. Os casos iniciais envolviam patentes. Em 1917 a Suprema Corte considerou ilegal uma licença de uma máquina de filmes cinematográficos patenteada. A licença limitava o uso da máquina aos filmes do licenciante. Quando outros filmes que não fossem aqueles do licenciante foram usados nas máquinas, o licenciante moveu uma ação pela violação de patente. O réu argumentou que a condição restritiva na licença de patente era nula e sem efeito, e a Corte concordou. A Corte disse:, "Uma restrição que daria ao reclamante tal *poder potencial para o mal*... seria seriamente prejudicial a esse interesse público; o que temos visto é muito mais um preferido da lei do que a promoção de fortunas privadas".[15]

Em 1947 a Corte considerou ilegal um arrendamento de máquinas patenteadas que injetavam sal nos produtos enlatados, com a condição de que os arrendatários comprassem sal para uso nas máquinas do arrendador. A Corte disse: "A tendência do acordo para a realização de um monopólio parece ser óbvia".[16]

Esses casos inspiraram explicações, tal como esta a seguir, por Earl Kintner, um ex-presidente da FTC.

> Todos os fabricantes desejam naturalmente maximizar as vendas das suas mercadorias, e qualquer ajuda para essa finalidade será recebida de bom grado. No início do século 20 foram desenvolvidos vários estratagemas para atingir esse propósito. Um desses estratagemas, a venda casada, utilizava o poder de mercado de um produto para aumentar o poder de mercado de outro produto. Por exemplo, um fabricante de sal poderia desenvolver uma máquina para o processamento do sal, o que é mais desejável do que qualquer máquina equivalente. Se a máquina é vendida ou arrendada somente com a condição de que o usuário compre todo o seu sal do fabricante, então ocorreu uma venda casada. A força de mercado do sal do fabricante, o produto vinculado é, por esse motivo, aumentado até a força de mercado da máquina de processamento, o produto vinculante. ...Os concorrentes do fabricante não teriam clientes, não com base no mérito competitivo do seu produto, mas

15 *Motion Picture Patents Co.* v. *Universal Film Manufacturing Co.,* 243 U.S. 502 (1917) (grifo do autor).

16 *International Salt Co.* v. *United States,* 332 U.S. 392 (1947).

simplesmente por causa da sua incapacidade de oferecer ao seu cliente o induzimento específico disponibilizado pelo fabricante infrator. Na situação que envolve a máquina de processamento de sal, essa incapacidade pode levar a um monopólio virtual do fabricante vinculante.[17]

Bork questionou esse fundamento lógico para a proibição da venda casada da seguinte maneira:

> A venda casada tendia à realização de qual monopólio? Das máquinas? Exigir que um comprador leve o sal não constrói um monopólio na área das máquinas; tenderia a ter o efeito contrário. Do sal? É inconcebível que qualquer pessoa pudesse ter a esperança de adquirir um monopólio ou qualquer coisa remotamente parecida com um monopólio, com um produto como o sal, pelo impedimento de uma fração absolutamente insignificante do mercado representada pelo sal que passa por dentro dessas máquinas arrendadas.[18]

A clássica afirmação doutrinária da natureza maligna da venda casada foi reafirmada em 1958 pela Suprema Corte no caso *Northern Pacific.* Nesse caso, a Corte declarou ilegais contratos de compra e venda de terrenos com a condição de que o comprador transportasse todas as mercadorias produzidas no terreno na estrada de ferro do vendedor, com os comentários abaixo:

> De fato, os acordos vinculados mal servem para qualquer outro fim, além da supressão da concorrência... Eles são

17 Earl W. Kintner, *An Antitrust Primer*, 2d ed., New York: Macmillan, 1973, p. 47.

18 Bork, *The Antitrust Paradox*, p. 367.

> insensatos em si e por si mesmos, sempre que uma parte possuir poder econômico suficiente, em relação ao produto vinculante, para restringir apreciavelmente a livre concorrência no mercado para o produto vinculado e uma quantidade não imaterial do comércio interestadual for afetada.[19]

Essa afirmação pode ser traduzida da seguinte maneira: "É suficiente que o produto vinculante tenha poder suficiente para comandar o acordo, o que equivale a dizer que uma venda casada será ilegal se ela existir".[20]

Às vezes as vendas casadas foram explicitamente permitidas. Uma venda casada de equipamentos e serviços de televisão a cabo foi permitida durante o período de desenvolvimento de uma nova indústria.[21] Uma venda casada de um silo patenteado e um dispositivo de descarregamento patenteado foi mantida nos casos em que houve uma grande insatisfação dos clientes em relação aos descarregadores comprados sozinhos.[22] Esses casos poderiam ter sido resolvidos mais facilmente de acordo com a doutrina, pela conclusão de que somente um único produto estava sendo vendido e não estava ocorrendo uma venda casada de produtos separados.

Bork argumentou que "toda a teoria a respeito dos acordos vinculados como ameaça à concorrência é completamen-

19 *Northern Pacific Ry. Co.* v. *United States,* 356 U.S. 1, 5-6 (1958).

20 Bork, *The Antitrust Paradox,* p. 367-68.

21 *United States* v. *Jerrold Elect. Corp.*, 187 F. Supp. 545 (E.D. Pa. 1960), *aff'd per curiam,* 365 U.S. 567 (1961).

22 *Dehydrating Process Co.* v. *A.O. Smith Corp.*, 292 F.2d 653 (1st Cir.), *cert. negado,* 368 U.S. 931 (1961).

te irracional"[23] e "não há validade para a explicação da lei quanto aos acordos vinculados".[24] Mais recentemente, Robert Levy esclareceu que "os acordos vinculados não são nem predatórios nem exclusionários... eles são barganhas entre vendedores e compradores, não um conluio entre concorrentes".[25] Levy explicou como a venda de dois produtos juntos pode ser um método da concorrência, não um meio de impedi-la:

> Primeiro, se a venda casada e os produtos vinculados forem funcionalmente relacionados, pode haver economia de custo por meio de economias da produção ou distribuição conjunta. Segundo, se o produto vinculado for essencial para a eficiência operacional do produto vinculante, ou se o produto vinculante for sensível à qualidade do produto vinculado, há vantagens óbvias no desempenho, para evitar substitutos inferiores – especialmente quando é difícil para o consumidor determinar se os problemas operacionais são ou não devido a insumos de baixa qualidade.[26]

Levy também ressaltou usos adicionais legítimos da venda casada, inclusive a proteção contra a cópia não-autorizada de softwares e o fornecimento de um meio de praticar a discriminação legal de preços por meio de contagem, partilha de riscos e agrupamento mais eficiente de produtos.[27]

Os tribunais ainda não estão convencidos por tal pensamento. Em 1984, no caso *Jefferson Parish*, uma Suprema Corte dividida reverteu uma decisão de primeira instância que ha-

23 Bork, *The Antitrust Paradox*, p. 368.

24 Ibid., p. 380.

25 Robert A. Levy, *Shakedown*, Washington: Cato Institute, 2004, p. 191.

26 Ibid., p. 202.

27 Ibid., p. 202-03.

via declarado ilegal um contrato entre um hospital e um grupo de anestesistas. Embora a Corte tenha decidido a favor do réu, incluída no parecer judicial estava a afirmação: "É muito tarde na história da nossa jurisprudência antitruste para questionar a afirmação de que determinados acordos vinculados propõem um risco inaceitável de reprimir a concorrência e, portanto, são irracionais '*per se*'".[28] A Ministra Sandra Day O'Connor, da Suprema Corte, concordou com a decisão, mas tornou ainda mais confusa a doutrina com um complexo tratado elaborado por ela mesma sobre quando uma venda casada deveria ser considerada ilegal.

Nem os fatos empíricos, a teoria econômica lógica ou o bom senso podem sobrepujar a intuição dos adeptos do antitruste de que há alguma coisa maligna a respeito da venda casada. Conforme disse a Suprema Corte, há um "potencial para o mal" na venda casada. Os partidários antitruste acreditam que, conforme o Ministro Felix Frankfurter, da Suprema Corte, declarou no caso *Standard Stations*, sem nenhum apoio empírico ou teórico, "os acordos vinculados quase não servem para nenhuma outra finalidade além de suprimir a concorrência".[29] (Nesse caso, a Corte declarou ilegais os contratos de negociação exclusiva das empresas petrolíferas com postos de gasolina do varejo. O Ministro William O. Douglas, da Suprema Corte, lamentou a decisão, que "promete eliminar grandes segmentos de operadoras de postos de gasolina independentes".)

Preocupados com o fato de que o poder de mercado pode existir e ser usado impropriamente, os adeptos do antitruste

28 *Jefferson Parish Hospital District No. 2*, 466 U.S. 2.

29 *Standard Oil Co. of California* v. *United States*, 337 U.S. 293 (1949).

não podem livrar-se de uma crença na alavancagem. Assim como os Ministros Frankfurter e Stevens, da Suprema Corte, eles conservam uma crença de que um monopolista pode extrair os lucros do monopólio em um mercado, estender seu poder de mercado para outro mercado e extrair lucros adicionais do monopólio também no segundo mercado. Eles acreditam que um vendedor com um monopólio ou poder de mercado sobre um produto pode forçar os compradores a comprar esse produto em combinação com outro produto e, fazendo isso, excluir os concorrentes do mercado relativo ao segundo produto.

"O mais conhecido e mais influente caso de conduta exclusionária... foi o parecer de um juiz federal, Charles Wyzanski", Fox e Sullivan escreveram.[30] Nesse caso, o *United Shoe Machinery*, o juiz Wyzanski expôs uma teoria de exclusão. Ele declarou que a United Shoe havia monopolizado ilegalmente máquinas de sapatos por meio de um método de arrendamento de máquinas aos fabricantes de sapatos.[31] A teoria da exclusão automática também havia sido usada pelo Ministro Douglas no caso *Griffith*. Nesse caso, a Corte declarou ilegal a monopolização na prática de uma cadeia de filmes cinematográficos de negociar, com cada distribuidor, um acordo geral para todos os seus cinemas.[32] A teoria de exclusão nesses casos tem duas falhas: "confiança em uma motivação inexistente para o comportamento econômico e confiança na falácia da contagem em dobro".[33]

30 Fox e Sullivan, *Cases and Materials on Antitrust*, p. 146.

31 *United States* v. *United Shoe Machinery Corp.*, 110 F. Supp. 295 (D. Mass. 1953), *aff'd per curiam*, 347 U.S. 521 (1954).

32 *United States* v. *Griffith*, 334 U.S. 100 (1948).

33 Bork, *The Antitrust Paradox*, p. 142.

Os adeptos do antitruste prendem-se a teorias de que a exclusão pode resultar da união de dois mercados por meio do arrendamento, contrato ou fusão, ou pelas vendas combinadas de produtos separados. A comunidade resiste à teoria do "lucro de um monopólio", uma teoria da microeconomia segundo a qual um monopolista tem o poder de extrair lucros do monopólio somente uma vez e não pode estender esse poder a outros produtos ou locais ou impondo restrições aos clientes.

De acordo com a teoria microeconômica geralmente aceita, a presença de mais de um vendedor significa que o preço é determinado pela oferta e procura. Os vendedores competem quanto ao preço, abaixando-o até o custo marginal da produção. Os recursos são alocados eficazmente, e o consumidor se beneficia. No entanto, onde há somente um vendedor ou monopolista, ele pode controlar a produção e o preço. Ele não pode ser forçado a vender. O monopolista pode produzir menos, estabelecer o preço acima do custo marginal e extrair os lucros do monopólio. Ele se beneficia, mas o consumidor não, e os recursos são alocados com menos eficiência.

Sem o apoio do governo, os monopólios podem existir somente temporariamente, mas durante a sua existência eles podem extrair lucros do monopólio. Se o monopolista vende o produto, o preço obtém o lucro do monopólio. O monopolista pode fazer isso somente uma vez. Ele não pode vender uma segunda vez algo que já tenha sido vendido. Se ele arrendar o produto, pode extrair o lucro do monopólio proveniente do aluguel ou de alguma outra cláusula do arrendamento, mas não pode estabelecer o aluguel em um nível tal que extraia o lucro do monopólio e depois obter algum lucro adicional por meio de um prazo de arrendamento exclusionário. Não faz diferença se o monopolista vende no varejo para um varejista. Ainda assim existe apenas um lucro do monopólio a ser obtido. Da mesma forma, se o monopolista vende o produto sobre o qual ele possui um monopólio, em combinação com outro produto em que há um preço estabelecido pelo mercado, o monopolista ainda assim pode obter o lucro do monopólio no produto vinculante somente uma vez. O lucro de monopólio deve ser capturado no preço da combinação. O vendedor não pode obter lucros do monopólio sobre o produto vinculante e, uma segunda vez, sobre o produto vinculado.

Considere essa ilustração no livro de Levy:[34] o Sr. P possui um produto de monopólio, para o qual ele estipula o preço em US$ 1.000. Em uma tentativa de estender seu poder de mercado, o Sr. P exige que seu cliente, o Sr. C, compre um produto vinculado sem valor, por mais US$ 100. Presuma ainda que o produto vinculado é puro lucro para o Sr. P (ex., ele tem custo zero) e pura perda para o Sr. C (ex., o produto tem valor zero para uso ou revenda). À primeira vista, pareceria que o Sr. P transformou um único monopólio em dois. Observe, no entanto, que o preço do pacote para os dois produtos seria o mesmo, se o Sr. P cobrasse o preço total de US$ 1.100 pelo produto vinculante, ou cobrasse os dois produtos separadamente. Em ambos os casos o Sr. C tem duas opções. Ele pode aceitar a oferta, o que indica que ele valoriza o produto vinculante, a US$ 1.100 ou mais, ou ele pode rejeitar a oferta, o que indica que ele valoriza o produto vinculante a menos de US$ 1.100. Essas duas opções são idênticas – com ou sem a venda casada. O monopólio do Sr. P está somente no produto vinculante.

34 Levy, *Shakedown*, p. 197.

A teoria de um lucro de monopólio ganhou alguma aceitação desde a publicação do livro de Bork, mas ainda não foi aceita pela Suprema Corte ou pela comunidade antitruste mais ampla. A aceitação da teoria iria ameaçar grande parte do antitruste, não somente a venda casada e a negociação exclusiva, mas também as tentativas de monopolização e as supostas restrições verticais (restrições impostas aos compradores pelos seus fornecedores, tais como onde, para quem e a que preço revender). A crença no mal da venda casada é um elemento importante da religião antitruste.

A persistência da crença na teoria exclusionária encontra algum apoio na afirmação criativa dos professores Thomas Krattenmaker e Steven Salop de que "em circunstâncias cuidadosamente definidas, determinadas empresas podem adquirir o poder de monopólio fazendo acordos com seus fornecedores, que colocam seus concorrentes em uma desvantagem de custo".[35] A venda casada supostamente pode prejudicar a concorrência, porque "em circunstâncias definidas cuidadosamente" a exclusão resultante da venda casada pode aumentar os custos dos rivais, fazendo com que fique mais difícil para eles competirem ou algo assim. Explicada com a ajuda de tabelas e não facilmente resumida ou entendida, a teoria de "elevar os custos dos rivais" tem, pelos seus próprios termos, uma aplicação limitada. Assim como a teoria de poder de mercado, ela é uma teoria da economia acadêmica, uma condição hipotética que poderia existir em algum lugar, em algum momento, dado um conjunto presumido de circunstâncias, não necessariamen-

35 Thomas G. Krattenmaker e Steven C. Salop, "Anticompetitive Exclusion: Raising Rivals' Costs to Achieve Power over Price", *Yale Law Journal* 96 (1986): 209, 213-14.

te uma descrição de alguma coisa no mundo real. Entretanto, diz-se que a teoria foi "altamente influente nas agências federais de aplicação antitruste, particularmente durante a administração Clinton".[36]

## A Proibição da Venda Casada Torna Todas as Vendas a Crédito Ilegais?

A aplicação de uma suposta proibição estatutária contra a venda casada resultou em uma declaração da Suprema Corte, no caso *Fortner*, de que as vendas a crédito podem ser ilegais. Atacar o mal pelos "canais cerimoniais" da exigibilidade mencionados pelo ex-procurador-geral adjunto Arnold pode ter resultados interessantes.

No caso *Schwinn* a Suprema Corte declarou ilegal uma prática de distribuição amplamente utilizada durante anos pela maioria das franqueadoras. Os contratos entre compradores e vendedores continham disposições segundo as quais os compradores revenderiam somente dentro de um território especificado ou somente para clientes designados.[37] Estimulada pelo Ministério da Justiça, a Corte declarou que *qualquer* acordo entre o vendedor e o comprador que restrinjam a liberdade do comprador de revender para quem e onde queira, é uma violação *per se* do Sherman Act. Essa nova interpretação em 1967 de um estatuto promulgado em 1890 tornou contratos amplamente empregados e de uso consagrado sujeitos à acusação penal como um crime doloso.

36 Gavil, Kovacic e Baker, *Antitrust Law in Perspective*, p. 635.

37 *United States* v. *Arnold Schwinn & Co.*, 388 U.S. 365 (1967).

Nenhuma ação penal foi ajuizada, mas dez anos depois a Suprema Corte reverteu a decisão, a única reforma explícita de uma doutrina anterior na história do antitruste.[38] Após a reforma da decisão, um importante membro da comunidade antitruste, preocupado com o vigor da exigibilidade do antitruste, exigiu uma distinção cuidadosa entre as restrições verticais relativas a preço e não relativas a preço, para que a reforma da decisão não permitisse que "o pêndulo" balançasse "para muito longe".[39] O balanço de um pêndulo é uma analogia infeliz para o que supostamente devem ser regras de direito, mas é adequada para o antitruste.

Um caso que não foi revertido ilustra o prejuízo que pode ser causado pelas tentativas de combater o suposto mal da venda casada. No caso *Fortner*, o pêndulo da venda casada balançou em uma direção bizarra quando a Suprema Corte chegou perto de declarar as vendas a crédito ilegais. Fortner, um incorporador do ramo imobiliário, financiou a compra de terrenos e a construção de casas pré-fabricadas, pegando dinheiro emprestado da U.S. Steel Credit Corp., uma subsidiária da U.S. Steel Corp. Como uma condição do empréstimo, Fortner concordou em construir casas fabricadas pela U.S. Steel no terreno comprado com o dinheiro do empréstimo. A U.S. Steel Credit Corp. forneceu 100% de financiamento, o que não podia ser obtido em outro lugar. Depois da aceitação do contrato de empréstimo, surgiu uma disputa quanto ao preço e qualidade das casas fabricadas. Fortner moveu uma ação contra a U.S. Steel e a corporação de crédito, alegando violações das seções 1 e 2 do

38 *GTE Sylvania Inc.* v. *Continental T. V.*, 433 U.S. 36 (1977).

39 Robert Pitofsky, "The Sylvania Case: Antitrust Analysis of Non-Price Restrictions", *Columbia Law Review* 78 (1978): 1, 3.

Sherman Act, buscando danos triplicados por lucros cessantes e uma sentença ordenando a aplicação da suposta disposição da venda casada. Um tribunal federal decidiu sumariamente a favor dos réus, declarando que Fortner não havia comprovado que os réus possuíam poder econômico suficiente sobre o produto vinculante, crédito e impedimento de uma quantidade substancial de comércio em relação ao produto vinculado às casas pré-fabricadas.[40] Um tribunal de recursos ratificou a decisão.[41]

A Suprema Corte reformou a decisão.[42] Ela considerou que a "venda" de crédito pela U.S. Steel Credit Corp. era separável da venda de casas pela U.S. Steel. Um ministro divergente viu o caso como simplesmente "uma venda de um único produto com a cláusula acessória de financiamento". Outro escreveu: "A lógica da opinião da maioria... lança uma grande dúvida em relação ao financiamento de crédito pelos vendedores".

A Corte enviou o caso de volta para o tribunal federal. Mais dez anos de litígio se seguiram. O tribunal federal considerou a venda casada ilegal, porque o crédito oferecido era singular, pois ele cobria todos os custos do comprador, a uma baixa taxa de juros. O tribunal de recursos concordou. Quando o caso chegou à Suprema Corte uma segunda vez, ela considerou insuficiente a evidência do caráter singular do crédito oferecido pela U.S. Steel Credit Corp. e, portanto, que não havia ne-

40 *Fortner Enters., Inc.* v. *United States Steel Corp.*, 293 F. Supp. 762 (W.D. Ky. 1966).

41 *Fortner Enters., Inc.* v. *United States Steel Corp.*, 404 F. 2d 936 (6th Cir. 1968).

42 *Fortner Enters., Inc.* v. *United States Steel Corp.*, 394 U.S. 495 (1969).

nhum vínculo ilegal.[43] Uma longa, dispendiosa e inútil procura por um vilão havia sido possibilitada pelas doutrinas antitruste de venda casada. Os réus finalmente foram liberados, mas as doutrinas continuam em vigor.

## O Esforço Mal-Sucedido do Governo para Dissolver a Microsoft – Mais Confusão na Lei da Venda Casada

O governo dissolveu a Standard Oil. Theodore Roosevelt concluiu que "não resultou em nem nada de bom".[44] Arnold concordou, afirmando que a "caça ao truste" de Roosevelt "nunca realizou nada".[45] Mas uma lenda do mal foi criada. A mais recente e famosa tentativa de dissolução de uma concorrente de sucesso, a Microsoft, também fracassou e terminou consentindo com um regime regulatório de exigências de licenciamento e policiamento de produtos para proteger os concorrentes contra as práticas da Microsoft consideradas injustas.

A venda casada "às vezes é lançada na forma de uma acusação de monopolização".[46] No curso da tentativa de dissolver a Microsoft, o Tribunal de Recursos para o Circuito do Distrito de Columbia rejeitou um esforço do governo de declarar a inclusão, pela Microsoft, do seu navegador na Internet no seu sistema operacional uma venda casada ilegal *per se*, mas enviou o caso de volta para o tribunal federal para obter mais provas.

43 *Fortner Enters., Inc.* v. *United States Steel Corp.*, 429 U.S. 610 (1977).

44 Simon N. Whitney, *Antitrust Policies*, New York: Twentieth Century Fund, 1958, p. 104, citando Paul H. Giddens, *Standard Oil Company* (Indiana), New York: Appleton-Century-Crofts, 1955, p. 131.

45 Thurman Arnold, *The Folklore of Capitalism*, New Haven, CT: Yale University Press, 1937, p. 211.

46 Gifford e Raskind, *Federal Antitrust Law Cases and Materials,* p. 235.

O tribunal de recursos incluiu em um parecer *per curiam* – um parecer endossado por todos os juízes do tribunal distrital, mas não sendo de autoria de nenhum juiz individual – um ensaio de 22 páginas relativo à venda casada.[47] O governo, a partir dali, abandonou sua queixa contra a venda casada.[48]

A comunidade antitruste está envergonhada da sua impossibilidade de distinguir o comportamento comercial competitivo das tentativas ilegais de monopolização. A Comissão de Modernização do Antitruste está analisando o problema. A comunidade antitruste não vê nenhuma necessidade, no entanto, de modernizar as doutrinas existentes quanto à venda casada. Assim como a sugestão de estudar se existe ou não qualquer base empírica para a crença de que a atividade antitruste produz um benefício líquido aos consumidores, a venda casada não está na pauta da Comissão de Modernização do Antitruste.

Por que as doutrinas antitruste relativas à venda casada persistem, quando elas são tão comprovadamente sem validade? Os tribunais, professores de direito e advogados praticantes devem presumir que os estatutos promulgados pelo Congresso possuem algum conteúdo significativo que pode ser descoberto, mesmo que eles não o possuam. Os pareceres e declarações da Suprema Corte devem ser aceitos como dados, e tratados seriamente pelos juízes de primeira instância e advogados praticantes. E, é claro, a doutrina da venda casada não é nenhuma ameaça ao bem-estar da comunidade antitruste. A proibição contra a venda casada pode ser uma ferramenta útil para

47 *United States* v. *Microsoft Corp.*, 253 F.3d 34 (D.C. Cir. 2001).

48 Comunicado à Imprensa pelo Ministério da Justiça, 6 de setembro de 2001.

o governo e os reclamantes particulares protegerem os perdedores contra os concorrentes inaceitavelmente bem-sucedidos, como se estivessem ganhando muito dinheiro e agindo de maneira injusta. As doutrinas da venda casada e da negociação exclusiva encaixam-se bem com os outros elementos da crença no antitruste.

# 8. Fixação de Preços

Os tribunais têm interpretado as leis que proíbem os contratos que restringem o comércio como se elas permitissem a condenação criminal pela fixação de preços, sem ter a prova de que qualquer preço tenha sido fixado ou de que alguém tenha sido afetado adversamente. O antitruste não é mais o que já foi um dia. A aplicação da seção 2 do Clayton Act, que proíbe algumas formas de discriminação de preços, foi abandonada. A maioria das fusões reduzem substancialmente a concorrência e, portanto, violam a seção 7 do Clayton Act, mas somente algumas delas são impugnadas. O caso antitruste da IBM foi um fracasso e deu um "soco no olho" da disposição antimonopolização da seção 2 do Sherman Act que o caso da Microsoft ainda não conseguiu curar. Pressionado a defender a irrelevância, incoerência e irracionalidade, o adepto do antitruste reage: "E a fixação de preços?". Os defensores da crença prendem-se ao conceito do fixador de preços como um vilão que deveria ser vigorosamente acusado.

A comunidade antitruste chama os acordos que afetam os preços de "conspirações de fixação de preços". Os grandes júris frequentemente investigam tais acordos na preparação de processos criminais, com o propósito de estabelecer multas e detenção. A "punição dos cartéis criminais" é a "prioridade máxima" dos promotores federais.[1] No entanto, os acordos de fixação de preços podem ser vistos como fusões parciais e temporárias. A independência das partes e alguma concorrência entre elas é preservada. Em seu livro *Regulating Big Business: Antitrust in Great Britain and America 1880-1990* (Regulamentando o Grande Negócio: O Antitruste na Grã-Bretanha e na América do Norte 1880-1990) Tony Freyer concluiu que "nos Estados Unidos o uso do antitruste para declarar os cartéis ilegais canalizou as decisões de investimento em direção às fusões que engendravam uma maior centralização gerencial".[2] Em outras palavras, a implacável punição criminal de fixação de preços serviu para aumentar a concentração.

A proibição *per se* da fixação de preços é produto da "evolução".[3] O crime, assim como a venda casada, foi definido pela ideologia, não por um ato do Congresso. A seção 1 do Sherman Act declarou que todo contrato que restringia o comércio era um crime doloso. Como todo contrato restringe algum comércio, levar essa proibição a sério teria trazido o comércio a uma paralisação. Os professores Eleanor Fox e Lawrence Sullivan ressaltaram que o Congresso aprovou o Sherman Act "apesar das dúvidas sobre exatamente o que o estatuto significava ou iria fazer".[4] Em uma tentativa de compreendê-lo, a Suprema Corte reescreveu o estatuto, de modo a estipular,

1 "Three More Executives Are Indicted in Global DRAM Cartelization Conspiracy", *Antitrust and Trade Regulation Report* 91 (20 de outubro de 2006): 413, 414.

2 Tony Freyer, *Regulating Big Business*, Cambridge: Cambridge University Press, 1992, p. 6.

3 Andrew I. Gavil, William E. Kovacic e Jonathan B. Baker, *Antitrust Law in Perspective: Cases, Concepts and Problems in Competition Policy*, St. Paul, MN: Thomson/West, 2002, p. 85.

4 Eleanor M. Fox e Lawrence A. Sullivan, *Cases and Materials on Antitrust*, St. Paul, MN: West Publishing Co. 1989, p. 36.

"todo contrato com restrição *injustificável* do comércio", deixando para que os tribunais determinassem quais contratos são injustificáveis.[5] A Corte mais tarde declarou que qualquer contrato que afete o preço é inerentemente injustificável, independentemente do preço que foi acordado,[6] mesmo se o acordo for para manter os preços baixos.[7]

O acordo é o crime. O acordo não precisa ser provado por evidência direta. Ele pode ser inferido de circunstâncias que sugerem um acordo, mesmo quando não há acordo. Uma das poucas regras incontestáveis da lei antitruste é essa simples advertência: não discutir preços com os concorrentes. Qualquer comunicação sobre preços entre concorrentes é arriscada. Se a sobrevivência sem a cooperação de preços estiver em dúvida, será melhor cogitar uma fusão.

A lei completa da fixação de preços não é afirmada de maneira tão simples. Originalmente promulgada para proteger o público contra os trustes prejudiciais, o Sherman Act tornou-se um "cassetete" para ser usado contra os pintores locais de placas[8] e produtores de cimento.[9] Em 1927 a Suprema Corte manteve a condenação criminal dos fabricantes de acessórios de encanamento, por combinarem "fixar preços".[10] Mas durante a depressão que se seguiu, a Corte recusou-se a proibir uma

5 *Standard Oil Co.* v. *United States,* 221 U.S. 1 (1911).

6 *United States* v. *Trenton Potteries Co.,* 273 U.S. 392 (1927).

7 *Kiefer-Stewart Co.* v. *Joseph E. Seagram & Sons,* 340 U.S. 211 (1951).

8 "Company, President Face Charges of Rigging Bids on Aluminum Products", *Antitrust and Trade Regulation Report* 70, 25 de abril de 1996, p. 458.

9 "Indiana Concrete Producer, Officer Plead Guilty to Fixing Ready-Mix: Concrete Prices", *Antitrust and Trade Regulation Report* 90, 26 de abril de 2006, p. 490.

10 *Trenton Potteries Co.,* 273 U.S. 392.

agência comum de vendas, embora o acordo subjacente desse "à agência de vendas o poder de substancialmente afetar e controlar o preço do carvão betuminoso".[11]

Em 1940 a Corte manteve uma condenação criminal de empresas petrolíferas e declarou o que segue:

> Sob o Sherman Act, uma combinação formada para a finalidade e com o efeito de aumentar, diminuir, fixar, atrelar ou estabilizar o preço de uma mercadoria no comércio interestadual ou estrangeiro é ilegal *per se.*[12]

Mas em 1979 a Corte permitiu um acordo entre proprietários de direitos autorais, que fixava uma taxa para uma licença coletiva.[13] "Não obstante o acordo literal sobre o preço, a Corte concluiu que a análise *per se* era inadequada, porque tal acordo era necessário para que um novo produto – a licença coletiva – até mesmo existisse."[14]

O *Antitrust Law Developments* (5.ª ed.) afirma que "a fixação de preços nua e crua" é tratada como "ilegal *per se*, sem praticamente nenhuma investigação factual".[15] Os editores dessa publicação dizem que a Suprema Corte "explicou" que "a meta e o resultado de cada acordo de fixação de preços, se for eficaz, é a eliminação da concorrência".[16] Eles se utilizam de sutilezas

11 *Appalachian Coals, Inc.* v. *United States,* 288 U.S. 344 (1933).

12 *United States* v. *Socony-Vacuum Oil Co.,* 310 U.S. 150 (1940).

13 *Broadcast Music, Inc.* v. *CBS,* 441 U.S. 1 (1979).

14 Seção da ABA Relativa à Lei Antitruste, *Antitrust Law Developments,* 5th ed., Chicago: ABA Publishing, 2002, p. 92.

15 Ibid., p. 58.

16 Ibid., p. 82.

para abordar a questão da efetividade com uma melhor "explicação" de que tais acordos

> podem muito bem ser considerados injustificáveis ou ilegais por si mesmos, sem a necessidade de uma investigação minuciosa para saber se um preço em particular é razoável ou injustificável ao ser fixado e sem atribuir ao governo... o ônus de verificar, dia após dia, se esse preço tornou-se injustificável pela mera variação das condições econômicas.[17]

O fato de uma fusão poder resultar em eficiência costumava ser considerada uma razão para condenar a fusão. No caso da Procter & Gamble, o Ministro William O. Douglas, da Suprema Corte, declarou que "possíveis economias não podem ser usadas como uma defesa para a ilegalidade" nos casos de fusão.[18] A comunidade antitruste rejeitou a decisão do Ministro Douglas e agora reconhece uma defesa da eficiência. Uma revisão das Diretrizes das Fusões Horizontais em 1997 adicionou uma seção a respeito das eficiências. A seção 4 afirma que as "eficiências geradas pela fusão podem otimizar a habilidade da empresa incorporada e o incentivo para competir, o que pode resultar em preços mais baixos, melhor qualidade, serviço aprimorado ou novos produtos".[19] Ao anunciar a aceitação da incorporação da Bell South pela AT&T em 2006, o procurador-geral adjunto para o antitruste declarou que um dos moti-

17 *Trenton Potteries Co.*, 273 U.S. 392, 397-98.

18 *FTC v. Procter & Gamble Co.*, 386 U.S. 568 (1967).

19 Seção 4 Revisada das Diretrizes Relativas a Fusões Horizontais, emitida pelo Ministério da Justiça dos EUA e a FTC, 8 de abril de 1997.

vos para permitir a fusão foi que ela "provavelmente resultaria em economias de custo e outras eficiências".[20]

O antitruste é flexível, permitindo a reversão da doutrina sem nenhuma alteração do estatuto e sem até mesmo o reconhecimento de uma reversão. Um importante membro da comunidade antitruste descreveu o período durante o qual a eficiência passou de um resultado negativo para um resultado positivo, como uma "estabilidade essencial da política de fusões" e os seus "princípios fundamentais".[21]

Se a eficiência pode justificar uma fusão que supostamente elimina a concorrência, por que ela não pode justificar a cooperação de preços, que é somente uma fusão parcial? "Tensões" estão "emergindo" na lei da fixação de preços.[22] Uma defesa da eficiência poderia evoluir a partir dessa tensão. Para fazê-lo, ela teria de superar o forte desejo emocional da comunidade antitruste de ver a fixação de preços como furto. De acordo com o procurador-geral adjunto para o antitruste, "esse tipo de conduta priva os consumidores do seu direito à política de preços competitivos".[23] Como a crença na lenda da Standard Oil e o medo da consolidação corporativa, a antipatia aos acordos que afetam os preços é profunda e considerável.

O Ministro Hugo Black, da Suprema Corte, uma vez deu uma explicação divertida para a desaprovação da fixação de

20 "DOJ Closes AT&T/Bell South Probe; Merger Isn't Likely to Reduce Competition", *Antitrust and Trade Regulation Report* 91, 13 de outubro de 2006, p. 381.

21 Thomas B. Leary, "The Essential Stability of Merger Policy in the United States", *Antitrust Law Journal* 70 (2002): 105, 107, 118.

22 Gavil, Kovacic e Baker, *Antitrust Law in Perspective*, p. 98.

23 *Antitrust and Trade Regulation Report* 90, 28 de abril de 2006, p. 490.

preços. Ele declarou que os acordos para fixar preços "tolhem a liberdade dos comerciantes e, desse modo, restringem a sua habilidade de vender conforme o seu próprio discernimento".[24] É claro que qualquer comerciante que voluntariamente tenha assinado tal acordo estaria exercendo sua liberdade e sua habilidade de vender conforme seu próprio discernimento. Esse paradoxo não deve ter ocorrido com o Ministro Black.

A Suprema Corte, sob o seu Presidente Earl Warren, teve uma atitude protetora para com as pequenas empresas – uma atitude que frequentemente deu origem a afirmações bizarras. Por exemplo, no caso *Schwinn*, o Ministro Abe Fortas, devido à preocupação com o que ele chamava de "empresas menores", condenou os acordos entre compradores e vendedores que definem os territórios para revenda. Ele disse que a permissão de tais acordos "violaria a antiga regra contra as restrições relativas à alienação".[25] Aparentemente, o Ministro Fortas acreditava que poderia aplicar a regra contra restrições sobre a alienação impondo sua própria restrição sobre a alienação.

## Alguns Acordos quanto ao Preço Podem Gerar Eficiências – Outros Não

A fixação de preços é um crime, mesmo se nenhum preço for fixado. Os tribunais podem inferir um acordo e impor uma multa ou detenção, sem levar em consideração duas perguntas: (1) O acordo foi eficaz? e (2) Causou algum prejuízo?

Os estudiosos encontraram poucas evidências de que as ações penais da fixação de preços afetam o bem-estar do con-

24 *Joseph E. Seagram & Sons, Inc.*, 340 U.S. 211, 213.

25 *United States* v. *Arnold Schwinn & Co.*, 388 U.S. 365, 380 (1967).

sumidor. Em 1988 Howard Marvel, Jeffrey Netter e Anthony Robinson encontraram uma "ausência de conluio efetivo em muitos dos processos criminais".[26] Em 1993 Michael Sproul teve "pouca dúvida de que na grande maioria dos casos o processo antitruste não leva a preços mais baixos. Em geral, um indiciamento pela fixação de preços resulta em preços ligeiramente mais altos".[27] Em 2003 Robert Crandall e Clifford Winston concluíram: "Para nos certificarmos, existem exemplos bem-conhecidos em que as empresas claramente conspiraram para aumentar os preços, inclusive os casos recentes envolvendo a lisina, o ácido cítrico e as vitaminas. No entanto, os pesquisadores não mostraram que o processo pelo governo do suposto conluio tenha levado sistematicamente a quedas significativas e permanentes nos preços aos consumidores".[28]

Um contrato para fixar preços não pode ser aplicado e não é provável que perdure. De acordo com Robert Levy, "a experiência ensina que os cartéis não duram: quando os preços excedem os níveis do mercado, a tentação de quebrar o acordo torna-se tudo, menos irresistível".[29]

26 Howard P. Marvel, Jeffrey M. Netter e Anthony M. Robinson, "Price Fixing and Civil Damages: An Economic Analysis", *Stanford Law Review* 40 (Fevereiro de 1988): 561, 575, citado em Fred S. McChesney e William F. Shughart II, *The Causes and Consequences of Antitrust*, Chicago: University of Chicago Press, 1995, p. 31.

27 Michael F. Sproul, "Antitrust and Prices", *Journal of Political Economy* 101 (1993): 741, 753, citado em McChesney e Shughart, *The Causes and Consequences of Antitrust*, p. 32.

28 Robert W. Crandall e Clifford Winston, "Does Antitrust Policy Improve Consumer Welfare? Assessing the Evidence", *Journal of Economic Perspectives* 17 (2003): 3, 15.

29 Robert A. Levy, *Shakedown* (Washington: Cato Institute, 2004), p. 311.

O professor Richard Epstein escreveu: "Em comparação com os riscos da ação do governo, os perigos dos cartéis privados parecem pequenos, se for somente em razão da sua tendência inerente de resultar em trapaças pelos membros individuais contra o cartel para obter vantagem no curto prazo".[30] Se um preço é fixado abaixo do preço de mercado, o mercado lucra, e o público se beneficia. Se um preço é fixado no do preço de mercado, o acordo não tem efeito algum. Se um preço é fixado acima do preço de mercado, cada vendedor tem um incentivo para boicotar o preço fixado secretamente, em uma tentativa de obter lucros mais altos. No final das contas, é provável que o cartel desmorone.

Não foi encontrada nenhuma evidência de que os acordos quanto ao preço são necessariamente tão prejudiciais ao bem-estar do consumidor, de forma a sobrepujar o custo da ação do governo contra eles. Talvez alguns sejam e alguns não. Não há uma maneira de dizer antecipadamente quais são o quê. Os adeptos do antitruste presumem que os casos inquestionáveis de fixação de preços são "raros".[31] Os únicos dados empíricos disponíveis[32] sugerem de outra forma.

O efeito de uma ação não pode ser conhecido sem se olhar os resultados. Como o professor D. T. Armentano explicou:

> O apoio a uma abordagem de ilegalidade *per se* em relação aos esquemas de fixação de preços presume que é possível

30 Richard A. Epstein, *Principles for a Free Society*, Cambridge, MA: Perseus Publishing, 1998, p. 91.

31 Gavil, Kovacic e Baker, *Antitrust Law in Perspective*, p. 97.

32 Sproul, "Antitrust and Prices", citado em McChesney e Shughart, *The Causes and Consequences of Antitrust*, p. 32; Crandall e Winston, "Does Antitrust Policy Improve Consumer Welfare?" 3, 15.

> saber de antemão que combinações comerciais irão gerar eficiência social líquida e quais não irão. Isso presume que a própria informação fornecida pelo funcionamento do processo de mercado pode ser conhecida antes que esse processo de mercado tenha permissão para entrar em funcionamento.[33]

Sem o conhecimento dos efeitos de um acordo, não há uma maneira de dizer se o acordo resultará ou não em eficiência. Podem ser feitas conjecturas, mas elas são somente conjecturas. E quem deveria conjecturar? As conjecturas são uma base fraca para a imposição de multas e sentenças de prisão. Os promotores públicos não têm nenhum incentivo para explorar a questão se um acordo é ou não socialmente benéfico. Enquanto a regra *per se* persistir, podem ser obtidas condenações de ambas as maneiras.

O "impedimento" é oferecido como uma justificativa para a regra *per se* contra a fixação de preços.[34] Mas que conduta está sendo desencorajada? O quanto dessa conduta era verdadeiramente anticompetitiva? A máxima "é melhor libertar uma pessoa culpada do que punir uma inocente" está invertida. A regra *per se* sobre a fixação de preços diz: "É melhor punir os inocentes do que libertar os culpados".

A comunidade antitruste fica mais unida e hipócrita quando está perseguindo a fixação de preços. Com a aprovação do governo, os sindicatos negociam acordos que fixam o preço da mão-de-obra em larga escala. Porém, quando alguns poucos produtores em Indianápolis discutem a respeito dos preços lo-

33 D. T. Armentano, *Antitrust Policy*, Washington: Cato Institute, 1986, p. 62.

34 Gavil, Kovacic e Baker, *Antitrust Law in Perspective*, p. 97.

cais do cimento, eles são acusados de criminosos.[35] Os adeptos do antitruste aprendem a viver com essa contradição disseminada. O valor da aplicação da regra *per se* contra os acordos que afetam os preços não foi demonstrado pelos dados empíricos, mas a regra claramente proporciona benefícios para a comunidade antitruste. A regra impede qualquer necessidade de se discutir a respeito dos mercados ou do poder de mercado, fazendo com que as condenações sejam mais fáceis de serem obtidas. Pela criminalização da fixação de preços, a regra fortalece o sentimento de superioridade moral e a satisfação da comunidade antitruste de que as suas atividades são de interesse público.

A retórica antitruste é consistentemente antifixação de preços. A exigibilidade tem sido irregular. A fixação de preços realizada pelos fabricantes de acessórios para encanamento e fabricantes de produtos do petróleo foi interrompida.[36] A fixação de preços realizada pelos operadores das minas de carvão e proprietários de direitos autorais não foi.[37] Os cartéis de fixação de preços são tolerados ou até mesmo patrocinados quando eles têm apoio político. Assim como o antitruste encontrou uma forma de aprovar uma fusão-para-monopólio politicamente desejável na fabricação de aeronaves comerciais,[38] as autoridades antitruste encontraram maneiras de permitir cartéis politicamente desejáveis.

35 "Indiana Concrete Producer, Officer Plead Guilty", 90 *Antitrust and Trade Regulation Report* 490.

36 *Trenton Potteries Co.*, 273 U.S. 392; *Socony-Vacuum Oil Co.*, 310 U.S. 150.

37 *Appalachian Coals, Inc.*, 288 U.S. 344; *Broadcast Music, Inc.* v. *CBS*, 441 U.S. 1 (1979).

38 Acquisitions-Boeing Co., 5 Trade Reg. Rep. (CCH), para. 24,295 (FTC 1.*o* de julho de 1997).

Em seu livro de 2002, *Globalization and Its Discontents* (A Globalização e os seus Descontentamentos), Joseph Stiglitz forneceu um relato de uma testemunha ocular sobre a impotência e irrelevância do antitruste quando importantes interesses políticos estão em jogo. Em 1994 o preço internacional do alumínio havia caído. Houve uma desaceleração global geral e, em razão dos novos desenhos dos recipientes de refrigerantes, a demanda caiu. Com uma redução na produção de aviões militares, a Rússia tinha mais alumínio para vender. Stiglitz era então presidente do Conselho de Assessores Econômicos. Paul O'Neill, mais tarde Secretário do Tesouro, era o diretor-executivo da Alcoa, a mesma Alcoa que havia sido acusada de monopolização ilegal e condenada em 1945 por excluir concorrentes por haver "abraçado novas oportunidades" e ter "uma excelente organização", com "a vantagem da experiência, contatos comerciais e os melhores funcionários".[39]

De acordo com Stiglitz, O'Neill "engendrou um cartel global de alumínio".[40] Em uma reunião dos membros do subgabinete, foi tomada a decisão de apoiar a proposta de O'Neill. O Ministério das Relações Exteriores a apoiou, assim como fez Robert Rubin, que era chefe do Conselho Econômico Nacional e desempenhava um papel decisivo. Stiglitz escreveu: "O governo norte-americano estava no meio da criação de um cartel global de alumínio".[41]

Em janeiro de 1994 representantes de 17 nações (incluindo três advogados da Divisão Antitruste do Ministério da Jus-

39 *United States* v. *Aluminum Co. of America*, 148 F.2d 416 (2d Gr. 1945).

40 Joseph E. Stiglitz, *Globalization and Its Discontents*, New York: W.W. Norton & Co., 2002, p. 172.

41 Ibid., p. 178.

tiça) reuniram-se em Bruxelas[42] e chegaram a um acordo para reduzir a produção de alumínio. No terceiro trimestre de 1995 os preços do lingote aumentaram 20% em comparação com o ano anterior.[43] Stiglitz disse que "pessoas" do Ministério da Justiça estavam "furiosas" com a decisão do subgabinete de apoiar a criação do cartel.[44] Elas não estavam tão furiosas para fazer alguma coisa a respeito, a não ser blindar a sua existência.

Em fevereiro de 1996 um vendedor de letreiros de alumínio pintados para postos de gasolina foi multado e colocado sob prisão domiciliar durante seis meses e condicional de 42 meses. O FBI havia revistado seu escritório e o de um concorrente e descobriu evidências de um acordo de preços. Como comprador de alumínio, o réu provavelmente foi uma vítima direta do cartel criado pelo governo. Ao ajuizar uma ação criminal contra ele em abril de 1996, o procurador-geral adjunto para o antitruste afirmou: "Aqueles que conspiram para aumentar o preço dos produtos deveriam saber que enfrentarão acusações criminais".[45]

Em maio de 1997 o diretor-jurídico da Associação do Alumínio recebeu uma carta do Ministério da Justiça afirmando que uma investigação das atividades dos principais produtores de alumínio havia sido encerrada e que nenhuma viola-

42 "Don't Call It a Cartel, but World Aluminum Has Forged New Order", *Wall Street Journal,* 9 de junho de 1994.

43 "Aluminum Makers Are Expected to Post Sharp Profit Increases for 3rd Period", *Wall Street Journal,* 29 de setembro de 1995.

44 Stiglitz, *Globalization and Its Discontents,* p. 175.

45 "Company, President Face Charges of Rigging Bids", 70 *Antitrust and Trade Regulation Report* 458.

ção das leis antitruste havia sido encontrada.[46] O procurador-geral adjunto para o antitruste havia anteriormente sido citado, tendo afirmado que os cortes na produção sob o acordo global eram "decisões individuais tomadas pelos produtores".[47]

Em fevereiro de 2000 o relatório do Comitê Consultivo de Política de Concorrência Internacional continha uma seção a respeito do "Surto de Acusações de Cartel Internacional nos Estados Unidos". O relatório afirmou que a Divisão Antitruste "desde 1995 tem dado prioridade máxima à repressão agressiva contra os cartéis internacionais".[48] O relatório não contém nenhuma menção a respeito do cartel do alumínio. O patrocínio disfarçado dessa conspiração permitiu a continuação de um alto tom moral nas notificações de acusações penais. A crença no antitruste foi mantida.

O Cartel da Ivy League (Liga de universidades de elite localizadas no nordeste dos Estados Unidos) foi tratado de outra maneira. Em 1958 as oito faculdades da Ivy League e o MIT organizaram um sistema para impedir a concorrência de preços, extraindo e compartilhando informações financeiras dos candidatos a admissão, para equiparar os descontos das mensalidade escolares chamados de "ajuda financeira". Temendo que a Stanford estivesse atraindo os alunos por meio de maiores descontos na mensalidade e de bolsas de estudo por mérito,

46 Eric Norton e Martin Du Bois, "Justice Department Closes Antitrust Probe into Aluminum Pact", *Wall Street Journal*, 16 de maio de 1997.

47 "Don't Call It a Cartel", *Wall Street Journal*.

48 Relatório Final, Comitê Consultivo de Política de Concorrência Internacional ao Procurador-Geral e Procurador-Geral Adjunto para o Antitruste (28 de fevereiro de 2000), p. 166, www.usdoj.gov/atr/icpac/finalreport.htm.

que eram proibidos por um acordo escrito pelos membros da Ivy League, o grupo tentou recrutar a Stanford para juntar-se à conspiração. A Stanford recusou-se, sob o aconselhamento do consultor jurídico de que o cartel estava violando o Sherman Act.

Em 1991 o Ministério da Justiça entrou com uma ação civil, mas absteve-se de mover a ação penal. As oito faculdades da Ivy League concordaram com uma decisão judicial proibitória. O MIT optou pelo litígio. Depois de um julgamento sem a presença do júri, um tribunal federal divulgou constatações detalhadas, que na sua maioria não podiam ser contestadas, e ordenou um fim à determinação conjunta do preço a ser pago por um aluno em potencial, "quer fosse identificado como mensalidade, contribuição familiar, concessão de ajuda financeira ou algum outro componente do custo de proporcionar a formação educacional do aluno".[49]

O MIT recorreu. Ao longo do curso da disputa legal, a Casa Branca mudou de mãos. O novo governo abandonou o caso depois de aceitar uma carta promissória do MIT em dezembro de 1993.[50] Tendo absolvido as faculdades de uma grosseira violação de cartel que estava acontecendo havia décadas, as autoridades então fizeram vistas grossas para a criação de um cartel de produtores de alumínio. A estabilidade da política foi mantida pela ação penal dos compradores de alumínio e a perseguição de outros cartéis internacionais. A política saiu-se melhor do que a lei, mas a crença da comunidade antitruste na maldade da fixação de preços foi preservada.

49 *United States* v. *Brown University*, 805 F. Supp. 288 (E.D. Pa. 1992).

50 Robert Pitofsky, Harvey J. Goldschmid e Diane P. Weed, *Trade Regulation* (Westbury, NY: Foundation Press, 2003), p. 275.

O fato de que a Standard Oil monopolizou a indústria petrolífera e de que a sua dissolução foi publicamente benéfica constitui o elemento principal para a crença antitruste. Um segundo elemento é a crença de que sem a interferência do governo muitas outras corporações iriam fundir-se e se tornariam sósias da Standard Oil, controlando tudo. Os adeptos do antitruste estão convencidos de que quando um vendedor atinge alguma alta porcentagem de mercado, ele pode então controlar os preços e forçar as pessoas a comprar. Com tais crenças é fácil ficar com medo da possibilidade de que algum grupo de concorrentes possa cooperar para fixar o preço ao qual eles venderão um produto.

Questões adicionais sobre o significado da regra *per se* são discutidas dentro da comunidade antitruste. Ela é um estado de direito, uma regra da evidência, uma regra quanto a quem possui o ônus da prova, ou somente uma regra estabelecendo que uma defesa não será permitida?[51] As respostas não podem ser encontradas nas leis. Como o procurador-geral adjunto para o antitruste disse, não é tanto "o que são exatamente as palavras do estatuto... No antitruste a coisa é realmente muito mais dinâmica".[52] Embora reconheça que alguns acordos de preço podem ser benéficos, a comunidade antitruste está satisfeita com a suposição de que a cooperação de preços na sua maioria é perniciosa. Não há discussão a respeito disso dentro da comunidade.

O desgaste da regra *per se* poderia despertar a questão da constitucionalidade da acusação penal pela violação da seção 1

51 Gavil, Kovacic e Baker, *Antitrust Law in Perspective*, p. 96.

52 "Roundtable Conference with Enforcement Officials", *Antitrust Law Journal* 68 (2000): 614.

do Sherman Act. O nosso sistema jurídico não permite multas ou detenção pela violação das regras que são vagas. Uma lei proibindo "todo contrato que injustificadamente restringe o comércio" oferece aviso suficiente de que a conduta é criminosa ou ela dá muito poder discricionário aos promotores, juízes e júris?

Em 1913 a Suprema Corte julgou uma impugnação de uma condenação criminal sob o Sherman Act. A Corte rejeitou a argumentação de que "o crime... contém... um elemento de grau quanto a até que ponto as avaliações podem diferir, resultando na prisão de um homem porque o seu discernimento honesto não anteviu o discernimento de um júri composto de homens menos competentes". A Corte disse que "a lei é cheia de situações em que o destino de um homem depende da avaliação correta dele, ou seja, de como o júri subsequentemente fará a avaliação, uma questão de grau". A Corte deu exemplos de "homicídio, homicídio culposo ou infortúnio" resultante de um acidente de automóvel.[53] A restrição referente à acusação e a regra *per se* impediram a oportunidade de se questionar esse raciocínio.

A política da Divisão Antitruste do Ministério da Justiça a respeito da ação penal do antitruste foi declarada da seguinte maneira:

> A Suprema Corte decidiu que o Sherman Act não é inconstitucionalmente vago. Porém um indiciamento em um caso em particular pode atacar injustamente a conduta não considerada ilegal pelos réus. A solução da Divisão Antitruste para esse problema de possível injustiça foi for-

53 *Nash* v. *United States*, 229 U.S. 373, 376 (1913).

> mular a regra firme de que a ação penal será recomendada ao Procurador-Geral somente contra as violações intencionais da lei, e que uma das duas condições deve parecer ter mostrado o estabelecimento da intenção. Primeiro, se o estado de direito supostamente violado é claro e estabelecido – descrevendo violações *per se* – a intencionalidade será presumida... A Suprema Corte decidiu há mais de 30 anos que a fixação de preços foi uma violação *per se* da lei – uma violação para a qual nenhuma justificativa ou defesa poderia ser oferecida... Segundo, se os atos do réu mostram violações intencionais... a intencionalidade será presumida.[54]

Se o estado de direito quanto à fixação de preços tornar-se menos claro e estabelecido, se alguns acordos de fixação de preços tornarem-se defensáveis com base na eficiência, alguns casos que estão sendo agora acusados criminalmente podem ser contestados, porque a conduta indiciada não foi considerada ilegal pelos réus.

Qualquer enfraquecimento da confiança na justiça de uma exigibilidade criminal tenderia a enfraquecer o tom de superioridade moral da promotoria. A comunidade antitruste extrai muito poder mental e outros benefícios desse processo. As investigações do grande júri oferecem uma fonte contínua de empregos para os funcionários públicos e privados. O medo dessas investigações justifica as meticulosas auditorias antitruste e os programas de conformidade, que exigem muitas horas cobráveis. A regra *per se* oferece uma base para essa atividade. O enfraquecimento da regra poderia enfraquecer essa base.

54 Seção da ABA Relativa à Lei Antitruste, *Antitrust Law Developments*, Chicago: ABA Publishing, 1975, p. 236.

A comunidade antitruste pode perceber que colocar um valor preponderante na eficiência poderá fazer ruir todo o castelo de cartas do antitruste.

### Ações de Danos Triplicadas – Nenhum Benefício Óbvio para o Público

A ação penal não é a única arma contra o mal da fixação de preços. Existe outro método para punir o truste: a ameaça dos danos triplicados. Mesmo que o Ministério da Justiça mostre poder discricionário na acusação das violações do Sherman Act, os procuradores-gerais do estado e os advogados empreendedores particulares podem fazer alegações de fixação de preços que não podem ser facilmente descartadas.

Para punir os trustes considerados prejudiciais, a lei antitruste oferece altas recompensas para os processos judiciais privados movidos contra eles. O Clayton Act diz que qualquer pessoa "prejudicada em seu negócio ou propriedade em razão de qualquer coisa proibida nas leis antitruste" pode mover ação judicial no valor de três vezes os prejuízos sofridos mais "as custas do processo, *inclusive honorários advocatícios razoáveis*".[55] Assistidos pela regra *per se*, os advogados empreendedores unem essa disposição ao moderno processo de ação coletiva para gerar resultados surpreendentes.

Em uma economia competitiva a equiparação de preços é comum. Um acordo de fixação de preços pode ser imaginado. Uma classe de vítimas pode ser suposta. Um cliente pode ser recrutado. O cliente não tem nada a perder. Uma queixa, ha-

55 15 U.S.C., Capítulo 1, § 15.

bilmente redigida, é apresentada. Um tribunal certifica-se de que a classe da vítima pode processar judicialmente. Altos custos podem ser incorridos. Grandes indenizações são possíveis. A coleta de evidências começa. Os arquivos e os e-mails do réu são esquadrinhados. Palavras ambíguas de executivos da média gerência podem ser divulgadas. A coleta de evidências continua. A data de julgamento é marcada. A ameaça de falência aproxima-se. O acordo torna-se realístico e é estabelecido. O dinheiro troca de mãos.

Em dezembro de 2003 alegações de venda casada e uma tentativa de monopólio foram acordadas em uma ação coletiva, em um tribunal federal norte-americano em Nova York. A queixa acusava a Visa e a MasterCard de vincularem ilegalmente seus produtos de débito aos seus cartões de crédito. Não ocorreu nenhuma adjudicação do méritos das queixas. Os réus concordaram em criar um fundo de solução amigável, no valor de US$ 3,05 bilhões, a ser compartilhado por cinco milhões de comerciantes, dando US$ 610 a cada um deles. Os advogados da classe pediram um reembolso pelos custos de US$ 18 milhões e honorários de US$ 609 milhões. A Corte ordenou que os réus pagassem as custas e US$ 220 milhões de honorários advocatícios.[56] Alguns diriam que os advogados mereceram, pois eles puniram um truste maligno.

56 "Court Approves Record Settlement and Over $220 Million in Counsel Fees", *Antitrust and Trade Regulation Report* 86, 9 de janeiro de 2004, p. 5.

# 9. Conclusão

As leis antitruste oferecem um veículo para que a comunidade antitruste continue uma atividade inútil e prejudicial retratada como aplicação da lei. O antitruste tem sido chamado de "uma subcategoria da ideologia",[1] "uma religião sem causa"[2] e "uma farsa".[3] O antitruste, seja lá o que for, não é uma aplicação da lei. O Ministro Abe Fortas, da Suprema Corte, escreveu: "O antitruste nos Estados Unidos não é... um conjunto de leis pelo qual os homens podem guiar a sua conduta. Em vez disso, é uma declaração geral, às vezes *conflitante,* de artigos de fé e filosofia econômica".[4]

O antitruste resultou do desejo do Congresso de fazer algo, embora nada pudesse ser feito. Os estatutos antitruste são declarações devotas contra o mal. O antitruste foi edificado com base no desejo de solucionar um problema básico do ca-

1 Robert H. Bork, *The Antitrust Paradox*, New York: Basic Books, 1978, p. 408.

2 Frederick M. Rowe, "The Decline of Antitrust and the Delusions of Models", *Georgetown Law Journal* 72 (1984): 1511, 1569.

3 D. T. Armentano, *The Myths of Antitrust*, New York: Arlington House, 1972, p. 279.

4 Abe Fortas, Prefácio a A. D. Neale e D. G. Goyder, *The Antitrust Laws of the United States of America*, 3d ed., Cambridge: Cambridge University Press, 1980, p. v. citado em Daniel J. Gifford e Leo J. Raskind, *Federal Antitrust Law Cases and Materials*, 2d ed., New York: Anderson Publishing Co., 2002, p. 1.

pitalismo: o que fazer a respeito dos perdedores. Os estatutos refletem uma esperança de preservar uma nação de fazendeiros, artesãos e comerciantes nas pequenas cidades, antes que a industrialização e as organizações corporativas transformem a América em fábricas, escritórios e metrópoles. O antitruste é celebrado por um ritual de procedimentos jurídicos que deveriam manter o comércio livre e justo.

As sentenças antitruste da Suprema Corte tentam dar significado ao que o Ministro Fortas chamou de afirmações "conflitantes" dos "artigos de fé". As sentenças judiciais não emanam de princípios aplicados em uma base de caso a caso como elas o são no direito consuetudinário inglês. As sentenças não esclarecem as ambiguidades marginais das proibições estatutárias nem tornam as regras precisas. Em vez disso, as sentenças da Suprema Corte são acomodações de diferentes preferências pessoais de membros individuais da Corte quanto ao que é o mal. Os advogados e professores de direito procuram as regras nos pareceres judiciais. A maioria dos pareceres judiciais simplesmente enlameia a água.

## Reformadores

Embora o "desejo do Congresso contenha contradições internas",[5] juízes, professores e defensores presumem que a legislatura tinha algo específico em mente quando adotou os estatutos antitruste. Os reformadores não aceitam a sugestão de Thurman Arnold de que o antitruste é uma moralização ceri-

5 Robert H. Bork, *The Antitrust Paradox*, New York: Basic Books, 1978, p. 409.

monial.[6] Os reformadores estão tentando uma reforma, não a abolição. Os reformadores, assim como os professores de direito, não conseguem reconhecer que um estatuto que incorpora "contradições internas" não faz sentido e não pode ser reformado. Isso não é algo que os professores da lei antitruste podem dizer. Eles precisam acreditar que se os juízes federais aprenderem a teoria microeconômica suficientemente, a lei antitruste alcançará "um alto grau de racionalidade e previsibilidade" e "se tornará uma ramificação da economia aplicada".[7]

A economia não transformará o antitruste em aplicação da lei. A discussão teórica de mercados e do poder de mercado é baseada na análise estática, não em fatos do mundo real. As definições na análise presumem um mundo inerte. A crença no poder de mercado exige que o longo prazo seja ignorado. No mundo do antitruste não há longo prazo. Tudo se trata de um agora imaginário.

Nem todos os profissionais militantes antitruste são adeptos verdadeiros. Alguns veem o antitruste como um jogo de palavras inútil sem mérito, mas recompensador para aqueles que o jogam bem. Outros são céticos a respeito de algumas crenças antitruste básicas, mas veem o antitruste como uma proteção necessária contra as deturpações do mercado de curto prazo. Eles reconhecem que o que eles veem como imperfeições do mercado não podem sobreviver no longo prazo. Eles acham que o antitruste se justifica pela necessidade de ação neste exato momento. A fixação do ponto onde o curto prazo

6 Thurman Arnold, *The Folklore of Capitalism*, New Haven, CT: Yale University Press, 1937, p. 211-12.

7 Richard A. Posner, *The Problematics of Moral and Legal Theory*, Cambridge, MA: Harvard University Press, 1999, p. 229.

se transforma em longo prazo não está resolvida. O tribunal de recursos no caso *Microsoft* falou sobre "o futuro relativamente próximo".[8] Os processos judiciais nesse caso aparentavam ter a necessidade de agir rapidamente antes que fosse tarde demais, antes que o problema se resolvesse sozinho, antes que ficasse óbvio que o antitruste é irrelevante.

O desenvolvimento de uma economia global pela Internet está encurtando o longo prazo. Os resultados de longo prazo chegam mais rapidamente do que costumavam chegar. Está ficando mais difícil ignorar o longo prazo. E está mais difícil manter a crença em uma análise estática baseada na suposição de que o mundo permanecerá inerte.

### A Crença Antitruste Incrustada na Mentalidade Norte-Americana – A Revogação dos Estatutos Antitruste é Politicamente Impossível

A comunidade antitruste não pode olhar o antitruste de maneira crítica. Há "pouca evidência empírica de que as intervenções passadas ofereceram muito benefício direto aos consumidores ou afetaram significativamente o comportamento anticompetitivo",[9] mas a atitude prevalecente da maior parte da comunidade antitruste foi expressa em 1982 pelo professor Milton Handler: "Nós agora temos um excelente corpo

8 *United States* v. *Microsoft Corp.*, 253 F.3d 34, 72, 74 (D.C. Cir. 2001).

9 Robert W. Crandall e Clifford Winston, "Does Antitrust Policy Improve Consumer Welfare? Assessing the Evidence", *Journal of Economic Perspectives* 17 (2003): 3, 4.

de doutrinas antitruste que, no geral, tem funcionado extremamente bem".[10]

Gary Hull, da Duke University, escreveu:

> A maioria dos norte-americanos acredita que as leis antitruste preservam o nosso sistema de mercado livre, protegem os consumidores contra corporações predadoras e asseguram a concorrência leal no mercado. No entanto, o inverso é verdadeiro. O antitruste é baseado na economia ruim e numa falsa interpretação da história dos negócios norte-americanos. Ele viola a santidade do contrato. ...As leis não precisam ser esclarecidas, reduzidas ou aplicadas mais criteriosamente. Essas leis devem ser abolidas.[11]

O professor de economia D. T. Armentano exigiu uma revogação.[12] Sua argumentação é a seguinte: (1) as leis antitruste interpretam mal a natureza da concorrência e do monopólio, (2) as leis muitas vezes serviram para proteger empresas ineficazes contra preços mais baixos e inovações, (3) a seção 2 do Clayton Act pretende restringir a rivalidade de preços, (4) a seção 7 do Clayton Act destrói um processo competitivo, (5) as leis são uma forma de regulação que torna a economia menos eficaz, (6) a exigibilidade requer a suposição de um conhecimento que não está disponível e (7) as leis foram aplicadas arbitrariamente e interferem nos direitos de donos de propriedades de fazerem acordos voluntários.

10 Milton Handler, "Reforming the Antitrust Laws", *Columbia Law Review* 82, novembro de 1982, p. 103.

11 Gary Hull, ed., *The Abolition of Antitrust*, New Brunswick, NJ: Transaction Publishers, 2005, p. ix.

12 D. T. Armentano, *Antitrust Policy*, Washington: Cato Institute, 1986, p. 74.

Essas argumentações, por mais que sejam válidas, não irão abalar o compromisso emocional da nação para com o antitruste, porque elas não enfraquecem os elementos da base da crença antitruste. O antitruste preenche as necessidades emocionais. Enquanto a lenda da Standard Oil permanecer viva, a concentração será temida. Enquanto for possível acreditar que o "poder de mercado" existe e é usado, o antitruste sobreviverá, apesar dos argumentos apresentados por Armentano para a revogação e apesar da falta de evidência de que o antitruste faz tanto bem.

Armentano descreveu a fonte primária de apoio do antitruste:

> Os advogados antitruste, os requerentes particulares, consultores e a burocracia antitruste têm muito a ganhar com uma continuação dos regulamentos antitruste e muito a perder com qualquer revogação ou redução da exigibilidade do antitruste. Consequentemente, os grupos favorecidos têm todo incentivo para resistir incansavelmente à reforma e à revogação, bem como condenar todas as críticas antitruste nos tons mais estridentes. Os cidadãos comuns e os consumidores, por outro lado, têm pouco incentivo para reagir contra a força destruidora do antitruste, pouco incentivo mesmo para instruírem a si mesmos quanto aos fatos antitruste da vida.[13]

Os membros atuantes da comunidade antitruste devem constantemente articular e defender as doutrinas antitruste. A autorrepetição da doutrina incute a crença. As doutrinas dão ao seu defensor um sentimento sincero de falsa moral. Ele está lu-

13 Ibid., p. 13.

tando pela equidade e protegendo os fracos contra aqueles que são gananciosos e poderosos.

O adepto personifica o antitruste. O antitruste faz coisas. Ele faz suposições e busca resultados.[14] Ele comete "erros"[15] e sofre "derrotas".[16] O antitruste é como se fosse um velho amigo que ajuda o adepto a sentir que a sua atividade não é somente lucrativa para si mesmo, mas compensadora para outros. A comunidade antitruste lucra graciosamente com o antitruste, mas esse é somente um fator que reforça, não uma prova da falta de sinceridade da crença no antitruste pela comunidade.

Há um forte apoio ao antitruste fora da comunidade antitruste. Os formadores de opinião do jornalismo e muitos intelectuais sentem antipatia em relação à atividade comercial. Eles sentem-se bem expressando uma preocupação "com o consumidor", que eles consideram como uma vítima potencial da ganância corporativa. Os ungidos acham que o antitruste é importante para a justiça social. Eles são um obstáculo formidável para a mudança.

A revogação dos estatutos antitruste pode levar a algo pior em seu lugar. Os adeptos do antitruste afirmam que a lei antitruste "preserva e protege os mercados como uma alternativa

14 Phillip Areeda e Louis Kaplow, *Antitrust Analysis*, 5th ed., New York: Aspen Law & Business, 1997, p. 12.

15 "Muris Discusses Methods to Improve Economic Foundations of Competition Policy", *Antitrust and Trade Regulation Report* 84, 17 de janeiro de 2003, p. 34, 35: "Concluindo, Muris observou que 'há muito a ser feito para assegurar que o antitruste evite os erros do seu passado'".

16 Eleanor M. Fox e Lawrence A. Sullivan, *Cases and Materials on Antitrust*, St. Paul, MN: West Publishing Co., 1989, p. 738: "A decisão relativa ao *E. C. Knight* foi uma derrota para o antitruste".

para uma regulação mais intrusiva ou o controle da economia".[17] Eles acreditam que o controle público geral dos negócios, de uma forma ou de outra, é absolutamente necessário. Thomas DiLorenzo ressaltou: "Nunca houve evidência alguma de que os trustes e as 'combinações' do final do século 19 realmente prejudicaram os consumidores da maneira que os monopólios devem prejudicar os consumidores – conspirando para restringir a produção, para causar o aumento dos preços".[18]

No entanto, "persiste o mito de que o monopólio é uma característica intrínseca do capitalismo que deve ser controlada e regulada pela regulação evoluída do antitruste".[19]

Algo pior do que o antitruste já existe – a Comissão Federal do Comércio – FTC –, um grupo de cinco nomeados políticos, autorizados pela Lei da Comissão Federal do Comércio de 1914 a definir e impedir os métodos "injustos" de concorrência. Essa autoridade ilimitada para regular o comércio foi deixada, em sua maior parte, inexplorada. Em vez disso, a comissão tem se apoiado nas doutrinas antitruste. Caso os estatutos antitruste fossem revogados, o uso agressivo da ampla autoridade da FTC poderia substituí-los.

A educação dos juízes, funcionários do governo, professores de direito e jornalistas poderia dissolver o antitruste. A

17 Lawrence A. Sullivan e Warren S. Grimes, *The Law of Antitrust: An Integrated Handbook*, St. Paul, MN: Thomson/West, 2000, p. 10, citado em Daniel J. Gifford e Leo J. Raskind, *Federal Antitrust Law Cases and Materials*, 2d ed., Cincinnati, OH: Anderson Publishing Co., 2002, p. 27.

18 Thomas J. DiLorenzo, *How Capitalism Saved America*, New York: Crown Forum, 2004, p. 135.

19 Ibid., p. 155.

compreensão da natureza antitruste e a sua falta de base factual enfraquecem a sua atratividade. A história do antitruste não é geralmente conhecida, mas não é difícil de ser entendida, o que pode fazer a diferença. A história mostra que a dissolução da Standard Oil não adiantou nada. Ela foi "parte de um conflito moral".[20] Foi como pregar contra o pecado sem defini-lo. A consolidação corporativa não precisa ser temida. Nenhuma quantidade de "poder de mercado" mágico pode forçar os compradores a comprar. Para qualquer pessoa interessada em desenvolver uma política pública inteligente essas ideias não são difíceis de ser absorvidas.

Deveria ser permitido à Microsoft adicionar um *media player*? Deveria ser permitido à GE adquirir a Honeywell? A IBM deveria ser dissolvida? O antitruste fornece um vocabulário para discutir essas questões, mas não fornece as respostas, não importa o quanto de ajuda seja obtida da teoria econômica. Os pareceres judiciais do antitruste são escolhas subjetivas do juiz a respeito da política pública. Os alunos de direito devem aprender que o antitruste não é a aplicação da lei. Os jornalistas e formadores de opinião deveriam ser motivados a perguntar a si mesmos: "Precisamos realmente ter medo de que algum capitalista ganancioso monopolize os salgadinhos de sardinha ou o purê de frutas e legumes?". O público deveria saber o que está acontecendo, que as decisões antitruste são decisões políticas enganosamente retratadas como direito e economia. Aqueles em condições de fazê-lo deveriam forçar mais discussões a respeito de perguntas como: "Os funcionários assalariados do governo em Washington podem tomar melhores decisões a respeito de quantos distribuidores de suprimentos de escritório

20 Arnold, *Folklore of Capitalism*, p. 211.

deveriam existir em, digamos, Wheeling, no oeste do estado da Virgínia, do que aquelas pessoas cujo capital está em jogo?".

Embora a comunidade antitruste de hoje esteja viva e bem, o antitruste está atrofiando. Ele está se tornando uma relíquia, um anacronismo, os fragmentos irrelevantes da demagogia política do passado. O estudo dos fatos antitruste da vida deveria acelerar o processo.

# Índice

## M

## N



## O



## P

# Sobre o Autor

Edwin S. Rockefeller formou-se na Universidade de Yale e na Faculdade de Direito de Yale. Ele possui mestrado na Faculdade de Estudos Internacionais Avançados de Johns Hopkins. Depois de graduar-se na faculdade de direito, ele passou dois anos trabalhando para a Agência Central de Inteligência, três anos na Procuradoria-Geral de Justiça do Exército Norte-Americano e quatro anos no quadro de funcionários da Comissão Federal de Comércio.

De 1961 a 2001 trabalhou em seu escritório particular de advocacia em Washington. Entre seus clientes estavam a Canada Dry, General Motors, Jantzen, Kellogg, Norton Simon, Puritan Fashions e Weyerhaeuser. Ele defendeu um caso na Suprema Corte envolvendo a concessão de verbas de publicidade discriminatórias e perdeu. Defendeu a General Motors contra uma acusação da FTC de monopolização do seu estoque de peças de colisão e ganhou. Embora tenha decidido toda questão de fato e de direito contra ele, depois de cinco anos de litígio, a comissão retirou a acusação porque, como uma questão prática, não poderia forçar a GM a vender peças sem escolher seus clientes.

O Sr. Rockefeller trabalhou como presidente da Seção da Lei Antitruste da Ordem dos Advogados Norte-Americana e como professor adjunto de direito do Centro de Direito da Universidade de Georgetown. Ele é presidente do Comitê

Consultivo do *Relatório de Regulação de Comércio e Antitruste* do Bureau de Assuntos Internacionais desde 1961.

Suas publicações anteriores incluem:

*Antitrust Questions & Answers*, Washington: Bureau of National Affairs, 1974.

*Desk Book of Federal Trade Commission Practice & Procedure,* 3d ed., New York: Practicing Law Institute, 1979.

*Antitrust Counseling for the 1980s*, Washington: Bureau of National Affairs, 1983.

Este livro foi composto na fonte Caslon,
corpo 11, e impresso em papel pólen 90g